७५ 75 YEARS आपसे हैं हम

पंकज चतुर्वेदी

पंकज चतुर्वेदी का जन्म 24 अगस्त, 1971 को उत्तर प्रदेश के इटावा शहर में हुआ। इटावा और कानपुर के गाँवों-क़स्बों में आरम्भिक शिक्षा प्राप्त करने के बाद लखनऊ विश्वविद्यालय से ग्रेजुएट हुए। आगे की पढ़ाई और शोधकार्य जवाहरलाल नेहरू विश्वविद्यालय, नई दिल्ली से किया।

इनकी प्रकाशित कृतियाँ हैं—*एक सम्पूर्णता के लिए, एक ही चेहरा, रक्तचाप और अन्य कविताएँ* (कविता-संग्रह); *आत्मकथा की संस्कृति, निराशा में भी सामर्थ्य, रघुवीर सहाय* (साहित्य अकादेमी, नई दिल्ली के लिए विनिबन्ध), *जीने का उदात्त आशय* (आलोचना); भर्तृहरि के इक्यावन श्लोकों की हिन्दी अनुरचनाएँ। इन्होंने मंगलेश डबराल की '*प्रतिनिधि कविताएँ*' का सम्पादन भी किया है।

इन्हें कविता के लिए वर्ष 1994 के 'भारतभूषण अग्रवाल स्मृति पुरस्कार' और आलोचना के लिए 2003 के 'देवीशंकर अवस्थी सम्मान' एवं उ.प्र. हिन्दी संस्थान के 'रामचन्द्र शुक्ल पुरस्कार' से सम्मानित किया गया है। 2019 में इन्हें 'रज़ा फ़ेलोशिप' प्रदान की गई है।

फ़िलहाल विक्रमाजीत सिंह सनातन धर्म कॉलेज (कानपुर) में हिन्दी विभाग के अध्यक्ष हैं।

सम्पर्क : pankajgauri2013@gmail.com

यही तुम थे

स्मरण : वीरेन डंगवाल

पंकज चतुर्वेदी

राजकमल पेपरबैक्स

राजकमल पेपरबैक्स में
पहला संस्करण : 2022

राजकमल पेपरबैक्स : उत्कृष्ट साहित्य के जनसुलभ संस्करण

राजकमल प्रकाशन प्रा.लि.
1-बी, नेताजी सुभाष मार्ग, दरियागंज
नई दिल्ली-110 002
द्वारा प्रकाशित

शाखाएँ : अशोक राजपथ, साइंस कॉलेज के सामने, पटना-800 006
पहली मंज़िल, दरबारी बिल्डिंग, महात्मा गांधी मार्ग, प्रयागराज-211 001
36 ए, शेक्सपियर सरणी, कोलकाता-700 017

वेबसाइट : www.rajkamalprakashan.com
ई-मेल : info@rajkamalprakashan.com

यश प्रिंटोग्राफिक्स
ग्रेटर नोएडा-201 310 (उत्तर प्रदेश)
द्वारा मुद्रित

मूल्य : ₹250

YAHI TUM THE
Smaran : Viren Dangwal
Memoirs by Pankaj Chaturvedi

ISBN : 978-93-90971-16-9

विख्यात कथाकार
गिरिराज किशोर के
लिए सादर

वीरेन डंगवाल आधुनिक हिन्दी कविता के अग्रणी नामों में से हैं, लेकिन कविता और व्यक्तित्व दोनों के स्तर पर एकदम अलहदा।

5 अगस्त, 1947; कीर्तिनगर, टिहरी गढ़वाल में जन्म। इलाहाबाद विश्वविद्यालय से उच्च शिक्षा पाई। अध्यापन और पत्रकारिता से लम्बा नाता रहा। तीन कविता-संग्रह प्रकाशित हुए—*इसी दुनिया में*, *दुश्चक्र में स्रष्टा* और *स्याही ताल*। एक संचयन *कवि ने कहा* और सम्पूर्ण कविताओं का संकलन *कविता वीरेन* भी छपा।

नाज़िम हिकमत, पाब्लो नेरूदा, बर्टोल्ट ब्रेख़्त, वास्को पोपा, मीरोस्लाव होलुब और तदेऊष रूज़ेविच समेत कई विश्वविख्यात कवियों की कविताओं का अनुवाद भी किए।

कई वर्ष जन-संस्कृति मंच के राष्ट्रीय उपाध्यक्ष भी रहे। *दुश्चक्र में स्रष्टा* पर 'साहित्य अकादेमी पुरस्कार' के अलावा 'रघुवीर सहाय स्मृति पुरस्कार', 'श्रीकांत वर्मा स्मृति पुरस्कार' और 'शमशेर सम्मान' से सम्मानित हुए।

28 सितम्बर, 2015 को कैंसर से निधन हुआ।

सच होगा तो सुन्दर भी

28 सितम्बर, 2015 की सुबह सहसा यह दारुण ख़बर मिली कि हमारे समय के अद्वितीय कवि वीरेन डंगवाल नहीं रहे। वह कैंसर से जूझ रहे थे, इसलिए यह असमय होना ही था; मगर हृदय इसे स्वीकार न कर सका। दो दिन तक मैं स्तब्ध और जड़ीभूत-सा रहा। कुछ समझ में न आता था कि क्या करूँ! तीसरे दिन की दोपहर एकाएक उनकी इन स्मृतियों को लिखना शुरू किया। मुझे लगा कि उन्हें खोना नहीं है, इसलिए यह कोशिश उन्हें सँजोने की है। पर यह मैं न जानता था कि इतनी निरन्तरता में लिख सकूँगा। इस मानी में लिखना अपने को जानना है और पाना भी। मैंने यह जाना कि वीरेन जी के साथ मेरी एक दुनिया ही चली गई और यह उसी संसार को शब्दों में फिर से हासिल करने की सृजनात्मक चेष्टा है।

यह संस्मरण शायद उस तरह से नहीं है, जैसे वे लिखे जाते रहे हैं और न कवि की जीवनी लिखने की कोई योजना या महत्त्वाकांक्षा इसके नेपथ्य में सक्रिय रही है। मित्रों ने लक्ष्य किया कि इसमें कई विधाओं की आवाजाही है, पर अपने को इसका होश नहीं था। सबब यह कि मैं एक क़िस्म के स्वप्निल संवेदनात्मक आवेग में इसे बस लिखता गया। ख़याल इतना ही रखा कि इसमें झूठ का एक ज़र्रा तक न हो। मुझे यह एहसास रहा कि सच होगा तो सुन्दर भी।

एक बार वीरेन जी ने मुझसे कहा था कि "एक दिन हम लोग ज़रूर कुछ कर सकेंगे!" आज सोचता हूँ कि उनकी यह बात ऐन मेरे सन्दर्भ में कितने मर्मस्पर्शी ढंग से सही साबित हुई। यानी मैं यह काम उनके वैचारिक और संवेदनात्मक सान्निध्य में ही तो कर सका!

यह स्मृति-शृंखला एकान्त में नहीं, बल्कि एक सोशल साइट की सार्वजनीनता के बीचोबीच शुरुआत से लगातार 16 दिसम्बर, 2015 की सुबह तक लिखी गई और हर क़िस्म के प्रश्न, बहस या आलोचना के समक्ष वेध्य रही है। फिर भी इसे बहुत सारे श्रेष्ठ रचनाकार मित्रों और अनगिनत प्रबुद्ध एवं संवेदनशील साहित्यिकों की अप्रत्याशित आत्मीयता नसीब हुई, जिसके लिए कृतज्ञ न होना गुनाह होगा।

युवा कवि-आलोचक अविनाश मिश्र ने इसके लिखे जाने में प्राय: हर पल साथ दिया। उनसे मुझे लिखते जाने का साहस मिला। प्रिय मित्र पत्रकार और विचारक पंकज श्रीवास्तव के प्रोत्साहन की बदौलत मैं इसे ज़रा विशद स्तर पर सम्पन्न कर सका।

यशस्वी कवि वीरेन डंगवाल पर संस्मरणात्मक आलोचना या आलोचनात्मक संस्मरण की मेरी इस कृति 'यही तुम थे' के अनेक अंश 'वसुधा' (अंक-97, जुलाई-सितम्बर, 2015), 'समकालीन जनमत' (नवम्बर-दिसम्बर, 2015), 'उद्भावना' ('मैं तुम्हारा कवि हूँ' शीर्षक विशेष पुस्तिका, जनवरी, 2016), 'पाखी' (वर्ष-8, अंक-1-2, अक्टूबर-नवम्बर, 2015) और 'आधारशिला' (वीरेन डंगवाल विशेषांक, 2017) सरीखी सम्मानित पत्रिकाओं और कुछ अंश कवि के व्यक्तित्व एवं रचनात्मक अवदान पर एकाग्र पुस्तक 'रहूँगा भीतर नमी की तरह' (सांस्कृतिक संकुल, इलाहाबाद, 2016) में प्रकाशित हुए। इसके लिए मैं इनके सम्पादकों—सर्वश्री राजेन्द्र शर्मा, रामजी राय, मंगलेश डबराल, अजेय कुमार, प्रेम भारद्वाज, दिवाकर भट्ट, वाचस्पति और प्रेमशंकर—का बहुत शुक्रगुज़ार हूँ।

मशहूर कथाकार एवं सम्पादक श्री ज्ञानरंजन का मैं एहसानमन्द हूँ, क्योंकि यह कृति समग्र रूप में सबसे पहले उन्होंने अपनी अत्यन्त प्रतिष्ठित पत्रिका 'पहल' के सौजन्य से वर्ष 2016 में प्रकाशित की थी और हिन्दी तथा कुछ भारतीय भाषाओं के चुने हुए रचनाकारों एवं अपने नियमित पाठकों को उपहारस्वरूप भेजी थी। उसकी सीमित प्रतियाँ छपी थीं, जो 2016 में ही ख़त्म हो गईं। इस प्रक्रिया में कवि और कविता के जितने मर्मज्ञों को वह उपलब्ध हुई, उनसे कहीं ज़्यादा दोस्तों और काव्य-प्रेमियों को मिल नहीं पाई और

इसकी माँग लगातार बनी हुई है। इसलिए इसका विधिवत् पुस्तक के रूप में प्रथम संस्करण आना अनिवार्य था।

मैं राजकमल प्रकाशन के प्रबन्ध निदेशक श्री अशोक महेश्वरी के प्रति कृतज्ञ हूँ, जिन्होंने अपनी सौम्य और उदार दृष्टि से इस रचना के प्रकाशन की स्वीकृति प्रदान की। सम्पादकीय निदेशक श्री सत्यानन्द निरुपम ने विचारशील सौजन्य से मेरे अनुरोध का मान रखा और इसकी कलात्मक एवं गरिमामयी प्रस्तुति को सम्भव किया, एतदर्थ उनका आभारी रहूँगा।

उम्मीद करता हूँ कि इसे पहले की ही तरह आपका प्यार हासिल होगा और इस सिलसिले में आपके आलोचनात्मक अभिमत का भी इन्तज़ार रहेगा।

साभिवादन,

25 दिसम्बर, 2021

—पंकज चतुर्वेदी

धोखा क्या है

धोखा क्या है
विचलन के सिवा

विचलन क्या है
बेहतरी की तलाश के सिवा

बेहतरी की तलाश क्या है
तुम्हारी उम्मीद के सिवा

उम्मीद क्या है
स्वप्न के सिवा

स्वप्न क्या है
साकार के सिवा

साकार क्या है
निराकार के सिवा

जो नहीं है
वह क्या है
जो है
उसके सिवा

अद्वितीय साथ

तुम विलक्षण थे
मगर विलक्षण कहे जाने से
नाराज़ होते थे

एक बार तुमने कहा :
जैसे सब लिखते हैं
वैसे मत लिखो

शायद तुम्हारा मंतव्य था :
प्रेम का मतलब
विशिष्टता से
अपसरण नहीं है

अद्वितीय होना है
पर होना सबके साथ है

सीलदस्सनसम्पन्नं धम्मट्ठं सच्चवेदिनं
अत्तनो कम्म कुब्बानं तं जनो कुरुते पियं।

शील और दर्शन से सम्पन्न, धर्म में स्थित, सत्यवादी
और स्व-कर्तव्यरत पुरुष को लोग प्यार करते हैं।

—बुद्ध

1

जब तुम्हें साहित्य अकादेमी पुरस्कार मिला, तो तुमने निराला की इस काव्य-पंक्ति को अपने स्वीकृति-वक्तव्य का शीर्षक बनाया : 'मैं कवि हूँ, पाया है प्रकाश'।

एकबारगी यह तय हो जाने पर कि तुम्हें कानपुर छोड़कर जाना ही है, मुझे बहुत धक्का लगा। तुम्हें वहाँ रहने के लिए पार्वती बागला मार्ग पर—जिसका नाम अब वी आई पी रोड भी है—अख़बार के मालिक का एक ज़रा शानदार फ़्लैट मिला हुआ था, जिसे दफ़्तर के लोग कोठी कहते थे। मैं वहीं तुम्हारे सामने फूट-फूटकर रोया।

मैं उस शहर में अकेला था। तुम्हारे जाने के बाद यह अकेलापन बढ़ना ही था।

पता नहीं तुम यह जानते थे या नहीं, मगर तुमने मुझसे यही कहा : "क्यों दुखी होते हो? जीवन में एक-से-एक अच्छे लोग मिलेंगे।"

ऐसे लोग तो नहीं मिले, पर एक दिन सुबह-सुबह मुझे यह ख़बर मिली कि तुम इस दुनिया से चले गए।

इस बार दुख इतना बड़ा था कि मैं रोया नहीं। एक बेचैनी मुझे मथती रही। अन्ततः मैंने फ़ैसला किया कि मैं तुम्हारी स्मृतियों को लिखूँगा।

तुमसे जो रौशनी मुझे मिली है, उसे आँसुओं में बह जाने नहीं दूँगा।

2

तुमने पहली बार अपने एक मित्र से परिचय कराते हुए कहा : 'ये बहुत ख़राब लिखते हैं।'

मैं चकित रह गया था तुम्हारी साफ़गोई पर।

मगर उससे ज़्यादा अचरज मुझे हुआ यह सुननेवाले तुम्हारे मित्र की प्रसन्नता पर।

इससे मैंने जाना कि सत्य अगर निश्छलता से कहा जाए, तो अप्रिय नहीं होता।

3

तुम्हारी बातों में एक सभ्यता-समीक्षा होती थी। असम्भव आत्म-निर्ममता।

एक बार लाल रंग की टी-शर्ट पहनकर तुमने मुझसे पूछा : 'कैसी लग रही है?'

मैंने—जो मुझे लग रहा था—कहा : 'अच्छी। बहुत अच्छी।'

मगर फिर तुम्हारा प्रश्न, जो जितना तुम्हारी तरफ़ मुड़ा था, उतनी ही पैनी निगाह से मुख्यधारा को भी देखता था : "लफंगा तो नहीं लग रहा हूँ न!"

4

कुछ वर्ष तुम सम्पादक थे एक बड़े अख़बार के कानपुर संस्करण के, जिसके दफ़्तर में पहली मंज़िल पर तुम्हारा चैम्बर था। कभी-कभी मैं वहाँ तुम्हारे साथ जाता।

तुम गाड़ी से उतरते ही एकदम गम्भीर हो जाते। तेज़ चाल से चलते हुए सबके सलाम का जवाब देने का बहुत गरिमामय, शालीन ढंग था तुम्हारा।

मगर सीढ़ियों के एकान्त में पहुँचकर तुम सहसा रुक जाते, मुझसे कहते : 'पाखंड तो करना पड़ता है न!'

मैंने बहुत क़रीब से जाना था साधारणता से तुम्हारे प्यार को और यह कि समता सच है, बाक़ी सब ढोंग।

5

तुम एक साथ प्यार करना और एक विवेकनिष्ठ दूरी बरतना जानते थे।

इस क्षमता के मामले में तुम अद्वितीय थे।

एक बार एक नवयुवक—जो कविता लिखता था—तुमसे मिलना चाहता था, मगर वह तुमसे परिचित नहीं था। मैंने यह भेंट कराने में उसकी मदद की।

बाद में मैंने तुमसे पूछा : 'वह मिला था?' तुमने कहा : 'हाँ। अच्छा, विचार-शून्य लड़का है।'

6

तुम प्रगाढ़ मैत्रियों के क़ायल थे और उनमें कोई बन्धन नहीं मानते थे।

एक बार रात के दो बजे तुमने अपने एक कवि-मित्र से बात करनी चाही। मैंने बरजा : 'अभी फ़ोन मत कीजिए! वह सो रहे होंगे।'

तुमने कहा : 'सो रहा हो तो जगे। मित्र क्यों बना है?'

7

तुमसे बहुत कुछ अर्जित किया जा सकता था, मगर तुममें गुरुडम नहीं था।

तुम अपने बेलौस अन्दाज़ से उसकी धज्जियाँ उड़ाते थे।

मैं जब कभी रेलवे स्टेशन या कहीं और तुम्हें विदा करने जाता और तुम्हारा बैग पकड़ने की कोशिश करता, तुम कहते : "घटिया काम मत किया करो!"

8

तुम्हें शरारतें करना बहुत पसन्द था, मगर तुम्हारी नक़ल नहीं हो सकती, क्योंकि वे सिर्फ़ भंगिमाएँ नहीं थीं। उनसे लगा-लिपटा एक दिल था, जो तुम्हारे ही पास था।

मसलन खा-पीकर श्लथ हो जाने को तुम ध्वस्त होना कहते थे और उसे सुख की चरम अवस्था मानते थे। उसी दौरान मेरी एक मित्र से—जो तुम्हारी कविताओं की प्रशंसक थीं और तुमसे बात करना चाहती थीं—मेरे इसरार पर तुमने रात में कुछ बात की और कहा : 'यह ध्वस्त हो गया है, पर अभी जग रहा है। जब सो जाएगा, तब मैं आपको फ़ोन करूँगा।'

वह फ़ोन तुमने उन्हें कभी नहीं किया।

9

मैथिलीशरण गुप्त ने 'साकेत' में लिखा है :

...रहूँ निकट भी दूर, व्यथा रहे पर साथ-साथ ही समाधान भरपूर।

तुमने भी इस तरह तो नहीं, पर ख़ास अपने ढंग से इस उसूल पर अमल किया और बड़ी ख़ूबसूरती से। कभी-कभी मैं भी ऐसी स्थितियों का गवाह रहा।

तुम्हारे एक अग्रज मित्र जब हेल्मेट पहनकर अपना स्कूटर स्टार्ट करने को होते, तुम उन्हें पुकारकर कहते : "आओ दोस्त, मैं तुम्हारा हेल्मेट चूम लूँ!"

10

तुम्हें लेखक संगठन से जुड़े होने का बहुत गर्व था। इसे तुम अपना बुनियादी कर्तव्य मानते थे। मगर उस तक महदूद रहना तुम्हारी फ़ितरत नहीं थी।

एक बार किसी साहित्यिक ने मुझसे तुम्हारी बाबत कहा कि तुम अपने लेखक संगठन के सबसे बड़े कवि हो। मैंने—जाँचने के लिए कि देखें, तुम्हें यह तारीफ़ कैसी लगती है—यह बात तुमसे कही।

तुम पर्याप्त नाराज़ हुए। तुमने कहा कि मैं संगठन में हूँ, संगठन का कवि नहीं हूँ।

मैंने समझा कि कोई किसी दायरे में बड़ा कवि मान लिया जाए, तो फिर क्या बड़ा कवि!

11

तुमसे सामान्य, रोज़मर्रा की बातें करते हुए भी कला के कुछ सत्य जाने जा सकते थे।

जैसे कि तुम मुझे प्रिय थे, मुझसे बड़े भी थे। मैं अपना सम्मान जताने के लिए तुम्हें 'सर' कहता था। यह सम्बोधन मुझे रास आता था, क्योंकि यह सरल, संक्षिप्त, सुविधाजनक था।

मगर तुम इससे सहमत नहीं थे। सो तुमने एतराज़ किया। पर तुम्हारे इर्द-गिर्द इतनी आज़ादी और खुलापन रहता था कि कोई तुमसे कुछ भी कह सकता था। मैंने बहस के लिहाज़ से कहा : 'इस पर क्या बात करनी है? 'कंटेंट' पर बात कीजिए!'

तुम्हारा जवाब मैं कभी भूल नहीं सकता : " 'सर' अपने-आप में 'कंटेंट' है!"

यानी रूप और अन्तर्वस्तु ऐसे गुँथे हुए हैं कि इन्हें अलगाया नहीं जा सकता। रूप ही अन्तर्वस्तु है और अन्तर्वस्तु रूप।

आज लगभग दो दशक बाद सोचता हूँ, तो लगता है कि तुमने कितनी बड़ी बात कही थी!

क्या यह सच नहीं है कि तुम्हारी पीढ़ी के अभ्युदय के अनन्तर—पिछले पच्चीस बरसों में—पूँजीवाद की विश्व-विजय के चलते जैसे-जैसे बराबरी का सवाल पिछड़ता गया है, यह शब्द 'सर' अप्रत्याशित ढंग से लोकप्रिय हुआ है?

12

मध्यवर्गीय सुख-सुविधा को लेकर तुम्हारे भीतर एक कशमकश रहती थी, जो तुम्हें नैतिक बनाती थी।

एक दिन मैं तुमसे मिलने पहुँचा, तो मुझे देखते ही तुमने ग़ालिब का वह शे'र सुनाया, जिसका मतलब है : 'आन्तरिक दुखों की खींचतान से अगर फ़ुर्सत मिले, तो हम मजनूँ का कारनामा तुमको भी दिखाएँ!'

इसका सन्दर्भ मैं बाद में समझ सका।

तुमको अख़बार से शायद नीले रंग की एक साधारण मारुति वैन मिली हुई थी, जिससे तुम्हें कानपुर और बरेली के बीच बहुत आवागमन करना पड़ता था। दफ़्तर कानपुर में था, घर बरेली में। इसके अलावा बरेली कॉलेज में तुम्हारी नौकरी भी थी, जिससे तुम अवकाश पर थे। मुझे यह बिखराव अजीब लगता। सो मैंने तुमसे कहा : 'आप कहीं एक जगह आराम से रहिए, यह दुविधा ख़त्म कीजिए!'

तुमने बड़ी सुन्दर बात कही : "दुविधा का समाप्त हो जाना भी कोई अच्छी स्थिति नहीं है।"

आज मध्यवर्ग का जीवन जिस क़दर एकतरफ़ा, सपाट, निर्द्वंद्व और आक्रामक हो गया है, तुम्हारा यह कथन मेरे लिए रौशनी की लकीर की तरह है।

अपनी कार तुम कानपुर छूट जाने के कई बरस बाद ले पाए। जब मैंने तुम्हारा हाल जानने के लिए फ़ोन किया, तुमने यह ख़बर दी, पर इससे जुड़ा एक मार्मिक प्रश्न भी था : "कार ख़रीद ली। बुरा तो नहीं किया न?"

13

तुम करुणा को एक अनिवार्य मूल्य मानते थे। गोया, अगर वह नहीं है तो क्या है!

जब रघुवीर सहाय का निधन हुआ, तो उसी दौरान कुछ लोग एक कवि से मिलने उसके घर गए। उनमें एक आलोचक भी थे। उन्होंने यह प्रसंग मुझे कवि का उपहास करते हुए सुनाया कि वह अचानक यह कहकर ज़ोर-ज़ोर से रोने लगे कि रघुवीर सहाय नहीं रहे।

मैंने यह बात तुम्हें बताई। तुमने कुछ अमर्ष से भरकर कहा : 'इसका मज़ाक़ क्यों उड़ाना चाहिए? यह तो अच्छी बात है कि वह रोया।'

14

तुम छोटेपन का एहसास नहीं होने देते थे और सृजन की दुनिया में ऊँच-नीच नहीं, वैविध्य के हामी थे।

ऐसे कई अवसर आए, जब मुझसे कहा गया कि मैं तुम्हारे साथ कविता-पाठ करूँ। मगर मुझे लगता कि तुम बड़े कवि हो। एक दिन एक आयोजन में जाते समय मैंने तुमसे कहा : 'मुझे संकोच होता है। आपके मुक़ाबले मैं क्या कविता लिखता हूँ!'

तुम मेरी झिझक को ख़ारिज करते। कहते : "कोई जवाबी कीर्तन नहीं हो रहा है।"

पूँजी ग़ुलाम बनाती और स्पर्धा सिखाती है, जबकि तुम्हारा प्यार स्वाधीन करता था।

प्रतिक्रिया नहीं, आत्मवत्ता उसकी मंज़िल थी।

15

तुम सिर्फ़ प्यार नहीं करते थे, बल्कि अपने उद्दाम वेग से औरों को भी प्यार करने के लिए मजबूर कर देते थे। किसी-किसी को मैंने तुम्हारी मौजूदगी की आभा में—उसके अकारण रूखेपन के लिए—लज्जित होते भी देखा।

एक दिन तुम एक बड़े लेखक के यहाँ दावत पर आमंत्रित थे, मगर मैं नहीं था। तुमने कहा कि चलना है। मैं राज़ी नहीं था। पर तुम्हारे दबाव में मुझे साथ जाना पड़ा।

वहाँ पहुँचकर तुम सहसा अपने मेज़बान से मुख़ातिब हुए : 'ये तैयार नहीं था, पर मैं इसे ज़बरदस्ती ले आया। मैंने इससे कहा कि तुम थोड़ा कम खा लेना!'

तुम्हारे मेज़बान अवाक् थे। वे वैसे भी शरीफ़ और सहृदय थे।

इस तरह तुमने मेरे लिए कम की बात कहकर ज़्यादा की व्यवस्था की थी।

16

तुम्हें भाषणबाज़ी से अरुचि थी। यह नहीं कि वक्तृत्व-कला के प्रति तुम्हारे मन में सराहना का भाव नहीं था, पर तुम्हें लगता था कि वह तुम्हारा इलाक़ा नहीं है।

फिर भी लोग चाहते कि तुम भाषण दो, जिससे तुम्हारी शख़्सियत का एक और नायाब पहलू उजागर हो। मगर तुम कोई बहाना बनाकर बच जाते। बताई गई वजह भी बड़ी मासूम होती, जैसे कि 'दाँत में दर्द है।'

मुझे तुम्हारा वह मौन गरिमामय तो लगता ही, अविचारित वाचालता के बरअक्स एक क़िस्म का प्रतिरोध भी मालूम होता।

यानी, मैं सोचता—हिन्दी में अक्सर जिस तरह के भाषण दिए जाते हैं, उनसे तो यह दाँत का दर्द ही अच्छा!

17

तुम किताबों पर निर्भर कवि नहीं थे। जीवन, अथाह जीवन ही तुम्हारी कविता का उत्स था।

अलबत्ता परम्परा, संस्कृति और मिथकों की अनुगूँज तुम्हारी कविता में बराबर सुन पड़ती है। मसलन कबीर कहते हैं : 'पंडित, तुम वेद-पुराण ऐसे पढ़ते हो, जैसे गधा चन्दन ढोता है, पर वह उसकी सुगन्ध को नहीं जानता'; तुमने भी कहा : "गदहा बनने में लगा दी अपनी सारी क़ुव्वत सारी प्रतिभा—लेकिन किंचित् भी जीवन का मर्म नहीं जाना।"

अध्ययनशीलता का तुम बहुत आदर करते थे, मगर उसकी कमी को कोई अवगुण नहीं मानते थे। एक बड़े अध्येता कवि का ज़िक्र आने पर तुमने मुझसे कहा था : 'फ़र्क़ सिर्फ़ यह है कि उन्होंने पन्द्रह किताबें पढ़ी होंगी, तो पाँच-सात हमने भी पढ़ी हैं।'

अच्छी-से-अच्छी किताब तुमने मुझे यह कहकर भेंट कर दी : "तुम इसे ले जाओ! मैं इसका क्या करूँगा यार?"

आज तुम्हारी दी हुई ऐसी किसी किताब पर हाथ चला जाता है, तो उसकी अहमियत के बावजूद तुम्हारे शब्द याद आते हैं : "पोथी-पतरा-ज्ञान-कपट से बहुत बड़ा है मानव!"

18

सुदीर्घ जीवन में तुम्हारी आस्था नहीं थी।

अब मैं तुमसे कभी पूछ तो नहीं पाऊँगा कि शेक्सपियर का यह लिखा कि 'ज़िन्दगी एक मूर्ख द्वारा कही गई कथा है'—तुम्हारे दृष्टि-पथ से गुज़रा था या नहीं, मगर तुम्हारा अपना निष्कर्ष भी इससे बहुत अलहदा नहीं था।

राष्ट्रीय नाट्य विद्यालय में वर्षों पहले जब तुम्हारी कविताओं की रंगमंचीय प्रस्तुति हुई, तो उस कार्यक्रम के बाद बाहर चाय की दुकान पर एक युवा कवि ने—जो तुम्हारा बहुत अन्तरंग था—तुमसे एक बेहद सीधा, अटपटा-सा सवाल कर दिया : 'वीरेन दा, आप कितने दिन जियोगे?'

तब तुम्हारी तबीयत में कोई ख़राबी नहीं थी। लेकिन तुमने अन्यमनस्क लहजे में कहा : 'मैं बहुत मूर्खता बघारना नहीं चाहता।'

उस युवा कवि ने हँसते हुए कहा था : 'अच्छा!', मानो तुमने यों ही वह बात कह दी थी।

कौन जानता था कि तुम एक उदास सच बयान कर रहे थे!

19

तुम सांसारिक दिखते हुए भी भीतर से कहीं विरक्त थे।

एक कवि और कर ही क्या सकता है
सही बने रहने की कोशिश के सिवा।

यह तुमने कविता में ही नहीं लिखा, यह कोशिश तुम्हारी ज़िन्दगी में हर पल थी।

जिसे लोग सुन्दर अदा समझ लेते थे, वह दरअसल यही कोशिश थी।

जब एक नवयुवक ने—तुम्हारे हालचाल पूछने पर—अपने मकान-निर्माण की योजना और प्रगति का तुम्हें ब्योरा दिया, तो तुम परेशान हो गए और बहुत दिन तक इस बात से ख़फ़ा रहे थे : "वह मुझे मकान के बारे में क्यों बता रहा था?"

इसी तरह होली-दीपावली या नये साल के मौक़े पर शुभकामनाएँ लेने-देने में तुम्हें उलझन होती थी। एक बार मेरे 'विश' करने पर तुमने कहा था : "पहले हम लोग यह सब नहीं करते थे।"

यानी, मैं समझ रहा था कि धीरे-धीरे समाज इस सतही, निरर्थक, निष्प्रयोजन अनुष्ठानप्रियता की चपेट में आता गया है।

रस्म निभाना तुम्हें आता नहीं था।

मसलन तुम्हारे पौत्र का जन्म हुआ और मैंने इस उम्मीद से—कि तुम हर्ष और रोमांच से भरा कोई बयान दोगे—तुमसे पूछा : "कैसा लग रहा है?"

तुमने जवाब दिया : "कुछ ख़ास नहीं।"

20

तुममें कविता के प्रकाशन की उत्कंठा नहीं रहती थी और अपने इस संकोच पर तुम किंचित् गर्व करते थे।

तुम्हें शमशेर का कुछ साथ मिला था और तुम उनके इस कथन : "कविता लिखी जाते ही प्रकाशित है"—पर वास्तव में यक़ीन करनेवाले बहुत थोड़े-से कवियों में थे।

तुम्हारा पहला कविता-संग्रह चौवालीस बरस की उम्र में आया और वह भी—अगर तुम्हारे कवि-मित्र नीलाभ ने अन्य स्रोतों के अलावा, बरेली जाकर तुम्हारे घर से तुम्हारी नोटबुक और एक दीमक-खाई लाल रंग की बही बरामद करके सारी कविताएँ एक जगह जुटाई न होतीं—शायद छप नहीं सकता था।

दूसरा संग्रह इसके ग्यारह साल बाद आया।

मगर तीसरे के बारे में तुम निश्चित नहीं थे। एकाधिक बार तुमने मुझसे कहा था : "तीसरा तो मेरे इन्तिक़ाल के बाद ही आएगा।"

फिर भी दोस्तों के स्नेहिल दबाव में वह अपेक्षया जल्दी, यानी सात वर्षों के अन्तराल पर प्रकाशित हुआ। 'कटरी की रुकुमिनी' तुम्हारी प्रिय कविता थी और यही तुम उस संग्रह का नाम भी रखना चाहते थे, पर बाद में 'स्याही ताल' शीर्षक से सहमत हो गए थे।

तीसरा तो नहीं, मगर अब चौथा संग्रह—जैसी कि तुम्हारी ख़्वाहिश थी—तुम्हारे जाने के बाद आएगा।

पहले ही संग्रह पर तुम्हें पहला 'रघुवीर सहाय सम्मान' मिला था।

रघुवीर सहाय का पाँचवाँ कविता-संग्रह उनके देहान्त के अनन्तर आया था
और तुम्हारा चौथा आएगा।

इतिहास ऐसे ही लिखा जाना था।

21

तुम दोस्तों में आत्म-छवि देखते थे।

यह तय करना बहुत मुश्किल है कि अपनी ज़िन्दगी में सबसे ज़्यादा अहमियत तुमने किसे दी, मगर करना ही हो, तो बिला शक कहना पड़ेगा कि दोस्तों को।

तुमने अपना दूसरा कविता-संग्रह दोस्तों को समर्पित किया, शमशेर की यह अमर पंक्ति याद करते हुए : "दोस्त, जिनसे ज़िन्दगी में मानी पैदा होते हैं।"

तुम्हें अपने दोस्तों की निंदा सुनना कभी अच्छा नहीं लगता था। यह नहीं कि तुमने ग़लत ढंग से उसका खंडन किया हो, पर तुम नौकरी की विवशता को समझते थे।

हमेशा प्रतिवाद में तुम एक ही बात कहते : "नौकरी कर रहा है यार!"

नौकरी की कसौटी पर मूल्य-निर्णय सुनाए जाने को तुम अनुचित मानते थे।

फिर भी कोई पीछे पड़ ही जाता, तो तुम आह भरकर कहते : "क्या पता मैं वहाँ उस हैसियत में होता, तो मैं भी वैसा हो जाता!"

22

तुम्हें प्रशंसा भूल जाती थी, पर प्यार याद रहता था..."यह कौन नहीं चाहेगा उसको मिले प्यार!"

जब मैं पहली बार तुमसे मिला और याद दिलाया कि एक समारोह में एक आलोचक के वक्तव्य में तुम्हारी कविता की सराहना के प्रमुख बिन्दु क्या थे, तुमने कहा : "मुझे कुछ भी याद नहीं है।"

इसी तरह यह स्मरण कराने पर—कि एक कवि ने अपना कविता-संग्रह तुम्हें समर्पित किया था—तुमने आश्चर्य व्यक्त किया : "अच्छा! उसने ऐसा किया है क्या?"

प्रशंसा से तुम परेशान हो जाते थे। उस वक़्त तुम्हारे चेहरे पर भाव रहता था कि यह क्षण जल्दी बीत जाए।

तुम कहते थे, प्रशंसा कवि को दिए जानेवाले उत्कोच के समान है। उत्कोच, यानी रिश्वत।

हालाँकि तुम स्वीकार करते थे कि उसकी चाहत लाज़िम है—आख़िर तुम्हारी कविता में समोसे समेटनेवाले कारीगर में भी 'दाद पाने की इच्छा से एक कलाकार इतराहट पैदा होती है'—पर तुम्हारा इसरार था कि कलाकार को सराहना मिलने और इनसान को प्यार न मिलने पर सतर्क हो जाना चाहिए :

सावधान हो जाएँ वे सब
जिन्होंने नहीं पाया कुछ भी कई दिनों से
उनका समय ख़राब चल रहा है।

23

तुमने महज़ देह की मुक्ति को सम्यक् स्त्री-विमर्श नहीं माना। इसके निशान तुम्हारी कविता में नहीं मिलते।

तुम सुखी-सम्भ्रान्त-सुविधासम्पन्न स्त्री से सम्मोहित नहीं थे। तभी तुमने लिखा :

हवा तो ख़ैर भरी ही है कुलीन केशों की गन्ध से
इस उत्तम वसन्त में
मगर कहाँ जागता है एक भी शुभ विचार!

जब भी मैं अपनी प्रिय स्थापना तुम्हारे समक्ष रखता—कि 'स्त्री मूर्तिमान् संस्कृति है'—तुम परिहास करते : "विवाह के लिए लालायित हो भइये!"

रोमानियत के बरअक्स तुम्हारा नज़रिया बहुत यथार्थनिष्ठ था। यों उत्पीड़ित, संघर्षरत और आत्माभिमानिनी स्त्री का तुम्हें ख़याल रहा।

बर्तन माँजनेवाली स्त्रियों का 'एक उदास फुर्ती से' अपने मालिकों के घरों की ओर जाने का मार्मिक बिम्ब तुम्हारी ही कविता में मिलता है। यहीं बरसते पानी में 'पॉलिथिन से कटोरी ढाँपकर घर लौटती रज्जो' है और उसकी यह प्रमुख चिन्ता :

अम्मा के आने से पहले चूल्हा तो धौंका ले
रखे छौंक तरकारी।

मैंने यह ज़िक्र इसलिए किया कि 'कटरी की रुकुमिनी' तुम्हारी गढ़ी हुई चर्चित पात्रा है; कहीं ऐसा न हो कि उसकी चौंध में लोगों की नज़र रज्जो तक न जाए।

वैसे मुझे लगता है कि जब तक स्त्री-विमर्श रज्जो और रुकुमिनी जैसे चरित्रों से मुख़ातिब नहीं होगा, वह पूरे समाज का विमर्श नहीं बन पाएगा।

24

तुम अभिव्यक्ति में निहायत पारदर्शी थे..."काम हृदय में यह कैसा कोहराम मचाये है।"

यह बहुत बार तो नहीं, मगर कभी-कभी हुआ कि मैं दिन के पहले प्रहर में तुमसे मिलने गया।

ऐसी किन्हीं दो मुलाक़ातों में तुमने मुझसे कहा : "आज मैं एक अश्लील सपना देख रहा था।"

मैं कुछ समझ नहीं पाया कि क्या कहूँ। तभी तुम फिर बोले : "मैं घटिया हो गया हूँ, यार!"

मैंने असहमति में तुम्हें देखा, पर तुम्हारी आत्म-भर्त्सना जारी थी : "हाँ यार, मैं अश्लील हो गया हूँ!"

यह नहीं कि तुम महात्मा गांधी की तरह निष्काम होने की साधना कर रहे थे, क्योंकि वैसा करने को तुम अवैज्ञानिक, इसलिए ग़ैर-ज़रूरी मानते थे।

प्रेम से विरत होकर तुम अपने साथ अन्याय ही करते। काम को लेकर तुम्हारे मन में संशय था, पर उसे प्रेम से अलगाया कैसे जाए, यह तुम्हें मालूम नहीं था। तभी तुम यह भी लिख गए :

प्रेम हृदय में यह कैसा कोहराम मचाये है।

मुश्किल यह थी कि उस दुनिया में जाना तुम्हें जीवन के औदात्य से मुँह मोड़ लेना लगता था और उसके बग़ैर भी शायद तुम जी नहीं सकते थे।

तुम क्या करते? एक सच्चे मनुष्य की तरह तुमने अपने द्वंद्व को स्वीकार किया और निष्पाप होने का दावा नहीं किया, जो तुम 'सन्देह का लाभ' पाने की आशा में आसानी से कर सकते थे :

हे ईश्वर, पापों से लिथड़ा हुआ था जीवन
हालाँकि तू गवाह है, पर्याप्त कर नहीं पाया मैं
ज़्यादातर थे मेरी पकड़ से बाहर।

25

तुम्हें अपनी कविता पर नाज़ था और तुम जानते थे कि वह आलोचना की मुहताज नहीं।

अगर कीर्ति का फल चखना है / आलोचक को ख़ुश रखना है वाली बात तुममें नहीं थी।

एक समारोह में एक कवि ने आलोचकों के ख़िलाफ़ कविता सुनाई, तो तुमने उस पर आपत्ति की : "हमें आलोचकों पर ध्यान ही क्यों देना चाहिए? क्यों उनसे कोई अपेक्षा करनी चाहिए?"

बहुत घनिष्ठ दोस्तों को दिया हो तो दिया हो, मगर मैंने तुम्हें अपना कविता-संग्रह मुफ़्त में लुटाते, ख़ास तौर पर आलोचकों को भेंट करते नहीं देखा।

अगरचे आलोचना तुम्हारे नज़दीक रचना के समकक्ष एक विधा थी और अगर अच्छी हो, तो रचना जितनी ही आस्वाद्य और जीवनदायी। जब तुम्हारी कविता पर एक आलोचक के लेख की मैंने शिकायत की कि वह आधा-अधूरा-सा है, तुमने कहा : "हाँ, मेरा पेट तो नहीं भरा।"

जब एक बड़े आलोचक को कोई डॉन कहता, तुम नाख़ुश हो जाते : "लोग डॉन क्यों कहते हैं? वह पढ़ने-लिखने वाला आदमी है यार!"

लेकिन एक प्रसिद्ध आलोचक ने जब तुमसे कहा कि 'अपना कविता-संग्रह दो भाई वीरेन! मैं उस पर लिखना चाहता हूँ।' तुमने संग्रह उन्हें नहीं दिया और अड़चन मुझे बताई : "अगर वह लिखना चाहते हैं, तो उसकी व्यवस्था करें। मैं यह क्यों करूँ?"

26

तुम्हें युयुत्सा प्रिय थी और तुम कहते थे : "टुकड़ख़ोरों की जमात में कभी शामिल न होना!"

मैं एक बड़ी संस्था से पढ़कर आया था और कानपुर के एक कॉलेज में अध्यापक हुआ ही था कि तुम मिल गए।

मुझे अपने विश्वविद्यालय के छूटने का अफ़सोस था और तुम यह जानते थे। फिर भी एक दिन तुमने कहा : 'यह तुम्हारे लिए अच्छा रहा कि तुम वहाँ से निकल आए।' मैं समझ नहीं पाया कि यह अच्छा कैसे रहा!

बाद में कभी तुमने कबीर की साखी सुनाई, जिसमें वह कहते हैं कि 'मेरा घर शिखर पर है, जहाँ तक पहुँचने की पहाड़ी राह रपटीली है। उस पर चींटी के भी पैर नहीं टिकते और लोगों ने बैल लाद रखे हैं।'

शायद इसीलिए तुम बड़ी जगहों, बड़े लोगों और प्रलोभनों से आगाह करते थे : "चक्कर में मत पड़ना प्यारे! देखो, इनके बग़ैर मैंने अपना मक़ाम बनाया है न!"

बहुत कम लोग जानते होंगे कि देश के एक बड़े प्रतिष्ठित विश्वविद्यालय में तुम्हें नियुक्त करने के लिए विभागाध्यक्ष और विषय-विशेषज्ञ बैठे रहे और तुम बुलावे के बावजूद वहाँ नहीं गए। तुम्हारी टेक थी : 'हम अपना ठीहा छोड़कर न जावेंगे कहीं!'

हिन्दी कविता को तुमने एक बड़ी चीज़ दी है—यह एहसास कि बड़ा दरअसल कोई नहीं है—हाथी भी आदमियों के बीच हाथी है, हाथियों के बीच नहीं :

हाथी सिर्फ़ तब खाँसता है
जब वह हाथियों के बीच होता है
हमारे जैसे अदना आदमियों के बीच
वह सिर्फ़ हाथी होता है।

27

तुम्हारे भक्त थे, पर तुम किसी के भगवान् नहीं थे।

उन दिनों एक पत्रकार—जो गीतकार भी था और प्रेम-विवाह करनेवाले अपने एक रिश्तेदार की हत्या के अभियोग का सामना कर रहा था—अपनी बीवी के चरित्र पर शक करता था और कभी-कभी तुमसे अपनी व्यथा-कथा कहने आता था। जटिल, तकलीफ़देह और असमाप्य कथा।

तुम बहुत परेशान हो जाते। एक दिन उसके जाने के बाद मैंने पूछा कि 'माजरा क्या है', तुमने बताया : "लोग ऐसी-ऐसी समस्याएँ लेकर आ जाते हैं, जिनका हल भगवान् के पास भी नहीं है।"

28

तुमने बड़े प्रकाशकों के रुतबे को नामंज़ूर किया और उनकी बजाय दोस्तों को तरजीह दी।

तुम्हारा पहला कविता-संग्रह तुम्हारे मित्र ने प्रकाशित किया और दूसरा एक बड़े प्रकाशक ने। मगर तीसरा तुमने छोटी पूँजी के प्रकाशक एक कथाकार को दे दिया।

अपने घर पर शिष्टाचार मुलाक़ात करने आए एक बड़े प्रकाशक से—तीसरे कविता-संग्रह की पांडुलिपि की फ़रमाइश किए जाने पर—तुमने कहा था : "आप बड़े आदमी हैं! आपसे मेरा चल नहीं पाएगा।"

केदारनाथ अग्रवाल ताज़िन्दगी बड़े प्रकाशकों से दूर रहे। तुमने अगर ख़ुद को उनका वारिस कहा, तो ग़लत नहीं कहा :

मैं खपड़ैल, मैं खपड़ैल
मैं जामा मस्जिद की शाही संगेमरमर मीनार
मैं केदार, मैं केदार, मैं कम बूढ़ा केदार।

29

तुमने कम लिखा, क्योंकि तुम्हें अपने शब्दों पर भरोसा था और इसलिए भी कि तुम ग़लतियाँ कम करना चाहते थे।

आज तुम्हें 'जनकवि' कहा जा रहा है, जो कि तुम निश्चय ही थे। अपनी जनता के कवि।

पर यह भूलने की बात नहीं कि तुम कला के प्रति भी सचेत थे। बहुत प्रयोगधर्मी और विविध। तुमने कम लिखा, पर सुन्दर और सान्द्र लिखा। उसमें जीवंतता और कशिश है।

जब भी तुम कविता के नाम पर जटिल, दुर्बोध, यांत्रिक क़िस्म की संरचनाएँ देखते, तो चिन्तित हो जाते : "इस वक़्त कविता और जनता के बीच फ़ासला कम करने की ज़रूरत है, मगर ये लोग कर क्या रहे हैं?" तुम शायद सहमत होते कि धर्म ही नहीं, ऐसा साहित्य भी अत्याचार पर टिका है :

वे खोखले आत्माहीन शिखर-गुम्बद-मीनार
उँगली से छूते ही जिन्हें रिस आता है ख़ून!

जब तुम्हारी कविता उरुज पर थी, उन्हीं दिनों भारतीय संसद में एक प्रधानमंत्री ने बहुमत न जुटा पाने के चलते वक्तव्य दिया था कि 'मैं संख्या-बल के आगे मस्तक झुकाता हूँ।'

तुम जानते थे कि सृजन की दुनिया में यह नियम नहीं चलता।

इसीलिए कोई ज़्यादा लिखता, तो तुम्हें रश्क नहीं होता। तुम उससे हँसते हुए कहते : "आप शर्मिंदा कर देते हैं भाईसाहब!"

नई पीढ़ी से तुम्हें बेहद लगाव था, पर उसके प्रति तुम उतने ही बेमुरव्वत थे। अपने पूर्वजों से बेइन्तिहा मुहब्बत करने और उनके सामने ख़ुद को कुछ न समझनेवाले कवि का रुख़ ही ऐसा हो सकता था :

रंग बहुत से हैं मेरे पास
कहा साल के उस दरख़्त ने
मगर कूँचियाँ तमाम ले गए
शमशेर बहादुर सिंह कत्थई गुलाब वाले।

30

तुम कहते थे, 'अगर तुम्हें तुम्हारा प्राप्य न मिले, तो भी कुंठित मत होना!'

कुछ चिन्ताएँ भी हों, हाँ कोई हरज नहीं
पर ऐसी नहीं कि मन उनमें ही गले घुने।

जब एक कवि ने कहा कि 'मैं अपना सब कुछ दाँव पर लगा चुका, अपना सर्वश्रेष्ठ दे चुका, अब यही बचा है कि हिन्दी साहित्य संसार के सामने अपना ख़ून बिखरा दूँ'; तुम इस रूपक से खिन्न हुए : " 'मॉर्बिड' मत होना यार! लोग नहीं समझ रहे हैं, तो न समझें।"

कभी मैंने तुमसे तुम्हारी किसी कविता के लिए कहा कि वह कमज़ोर है, तो तुम न नाराज़ हुए, न एक शब्द बोले।

मैंने देखा कि कवि वह है, जिसमें अपनी आलोचना को सहन करने की संजीदगी हो और जो प्रत्याक्रमण न करे। निजी हमला हो, तो भी—अगर जवाब देने की विवशता हो—कम-से-कम हमला करनेवालों की मानसिकता से बचे : "अपनी अक़्ल से मुझे बख़्शे रखना सियार!"

आक्रमण प्रतिगामी प्रवृत्तियों पर चोट करने के प्रसंग में ही तुम्हें मूल्यवान और आकर्षक लगता था। अन्यथा तुम्हारी राय थी कि उसे आभूषण की तरह धारण करना वाजिब नहीं।

एक सभागार से निकलते समय तुमने कहा था : "आक्रोश को अपना यू.एस.पी. नहीं बनाना चाहिए।"

तब तक मैं नहीं जानता था कि यू.एस.पी. का मतलब है : 'यूनीक सेलिंग पॉइंट'।

31

तुम सफलता के लिए उत्कंठित नहीं थे, पर वह तुम्हें मिल गई थी। इस इत्तिफ़ाक़ पर तुमने एक अग्रज कवि से कहा था : 'कभी-कभी पिछवाड़े रौशनी पड़ जाती है।'

एक बार मैं सन्न रह गया, जब तुमने अपने को साहित्य का 'अंडरडॉग' कहा। दरअसल, इस दुनिया को 'उद्योग' समझनेवाली ताक़तों से तुम सरीखे कवियों की रब्तोज़ब्त कभी हो नहीं सकती थी।

अलबत्ता साहित्य-कर्म को तुम कोई पवित्र, स्वायत्त और प्रश्नातीत गतिविधि नहीं मानते थे, जिसे किसी लोकोत्तर आभा में देखा जाए...

सब कुछ होता है समय के भीतर
क्योंकि समय का बाहर नहीं होता।

चूँकि समाज की शिरकत के बग़ैर लिखित शब्द सार्थक हो नहीं सकता, इसलिए यह ख़तरा अनिवार्य है कि रचनाकार सुविधा, सत्ता, सम्पत्ति, सम्मान या यश की कामना से मूल्यों की अवज्ञा करे और उसके नतीजे में कमतर साहित्य सिरजे।

तभी मार्क्स ने कहा कि लेखक को जीने के लिए कमाना चाहिए, मगर कमाने के लिए जीना नहीं चाहिए।

अगर कभी मुझे कोई कामयाबी मिली, तुमने उस पर ख़ुशी जताते हुए भी उससे जुड़ी पतन की सम्भावना की ओर इशारा करने में कोताही नहीं की : "तुम्हारी दुकान चल गई है प्यारे!"

32

तुम मनुष्य से मनुष्य के सीधे संवाद में यक़ीन करते थे।

रघुवीर सहाय ने इस स्थिति पर अफ़सोस ज़ाहिर किया था कि हम एक ऐसी सभ्यता बनते जा रहे, जिसमें सम्बन्धों के लिए मध्यस्थ अनिवार्य हैं।

तुमने भरसक किसी से मेरी सिफ़ारिश नहीं की, क्योंकि वह मदद जान पड़ती हुई भी मनुष्य को मनुष्य के मुक़ाबले दोयम बनाती है।

ज्ञानेन्द्रपति लेखकों के पैदल चलने पर आत्यन्तिक ज़ोर देते हैं। शायद इस भय से कि वाहन के कारण प्रत्यक्ष जीवन से सम्पर्क क्षीण न हो जाए।

तुम्हें भी मशीन की यह मध्यस्थता मंज़ूर न थी। मसलन फ़ोन पर बात करना तुमको अजीब लगता था। तुम कहते थे : "चोंगा हाथ में है और आदमी सामने नहीं!"

33

मेले में तुम कितने अकेले थे!

तुम बेशक बहुत ख़ुशमिज़ाज और यारबाश इनसान थे और इससे किसी-किसी को यह मुगालता हुआ कि तुम्हारी ज़िन्दगी में सिर्फ़ मज़ा था।

कभी मैं तुम्हारे घर में ठहरा था, तो तुमने कहा : "आज तुम एक नौजवान की नींद सो रहे थे, इसलिए मैंने तुम्हें जगाया नहीं।"

तब यह मुझे कोई ख़ास वाक्य नहीं लगा था। इसकी क़ीमत मैंने काफ़ी बाद में जानी, जब एक सफ़र के दौरान ट्रेन में तुमने मुझसे पानी लेकर नींद की गोली खाई।

मैनोशी की शुरुआत में 'चियर्स' की बजाय 'नमस्ते' तुम्हीं कहते थे, जो मुझे बहुत देशज और आत्मीय लगता। मगर उसमें एक विडम्बना भी झाँकती थी। एक विदा का भाव। गोया एक अकेलापन, जो तुम्हें वहाँ तक लाता था और उसके बाद उसी अकेलेपन में तुम फिर लौट जाते थे।

क़ुदरत की ख़ूबसूरती, नींद की गोलियाँ और शराब...क्या नहीं था, पर तुम्हारे हिस्से में नींद नहीं थी...

अकेलापन शाम का तारा था
इकलौता
जिसे मैंने गटका
नींद की गोली की तरह
मगर मैं सोया नहीं।

34

तुम अगर यह स्वीकार करते थे कि क्रान्ति की मुद्राओं से क्रान्ति नहीं होगी, तो इससे भी सहमत नहीं थे कि कुछ न करने से कुछ होगा।

कभी-कभी कोई बात तुम्हें इतनी पसन्द आती कि जैसे उसमें तुमने अपना अक्स देखा हो—बक़ौल ग़ालिब : "मैंने यह जाना, कि गोया यह भी मेरे दिल में है।"

एक बार जब मैंने मीर का एक शे'र सुनाया, तो तुम कई दिनों तक बहुत ख़ुश रहे थे, ख़ास तौर पर उसकी पहली पंक्ति से : "शाइर हो, मत चुपके रहो, अब चुप में जानें जाती हैं!"

यह तमीज़ भी मैंने तुमसे सीखी कि जैसे कोई अच्छा काम करे, तो सबसे पहले उसका एहसान अपने पर है।

तुम्हारे एक मित्र ने जब तुम्हारे सामने दावा किया कि 'देखो, मेरा यह शरीर संगठन के काम में जर्जर हो गया, ये हड्डियाँ आन्दोलन में ही तो गली हैं'; तुमने बेसाख़्ता उनसे कहा : "तुम्हारी जो थोड़ी-बहुत इज़्ज़त है, वह भी इसी वजह से है।"

कभी मैंने तुमसे पूछा था : 'कुछ लेखक किसी धरना-प्रदर्शन, अनशन, जुलूस, बहिष्कार, विरोध या हस्ताक्षर अभियान में शामिल क्यों नहीं होते?'

"इनका मक़सद है कि"—तुमने जवाब दिया था : "शिनाख़्त से बचो।"

35

बेचैनी यथास्थिति की बर्फ़ तोड़ती है और सुन्दरता प्रवाह में है।

बेर्टोल्ट ब्रेष्ट एक कविता में कहते हैं कि 'जिस जगह से मैं आ रहा, वह मुझे पसन्द नहीं और जहाँ मैं जा रहा, वह जगह भी मुझे पसन्द नहीं। फिर ऐसा क्यों है कि सड़क के किनारे बैठा मैं, बस के बदले जाते पहिये को बड़ी बेचैनी से देख रहा हूँ!'

एक बार तुम्हारे एक कवि-मित्र जब तुमसे मिलने आए, अनूठी घटना घटी। तुम्हारे दफ़्तर जाते वक़्त वह बोले : 'मैं भी साथ चलूँगा, यहाँ घर पर रहकर क्या करूँगा?' दफ़्तर पहुँचकर जब तुम गाड़ी से उतरे, उन्होंने कहा : 'मैं यहीं रहूँगा, दफ़्तर में मेरा क्या काम?'

और वह गाड़ी में ही रहे, उस दिन शाम को दो-तीन घंटे जितना भी समय तुम्हें दफ़्तर में देना पड़ा हो। मेरे लिए वह हँसने की नहीं, बल्कि एक बड़ी बात थी। जैसे वह कविता थी ब्रेष्ट की!

तुम भी एक जगह रह नहीं सकते थे। एक सफ़र में कुछ तकलीफ़ मिलने पर मैंने खिन्न होकर तुमसे कहा : 'अब मैं कहीं आऊँ-जाऊँगा नहीं।' तुम मेरा दिल नहीं दुखाना चाहते थे, फिर भी मुझसे सहमत न थे : "अभी यह प्रतिज्ञा मत करो, कुछ वर्ष बाद कर लेना!"

आज तुम्हारी कविता पढ़ता हूँ, तो समझता हूँ कि तुम क्या कहना चाहते थे :

जो सुन्दर था
गतिमान भी था वही
पकड़ा न गया।

पकड़ा गया मैं
जकड़ा गया।

36

तुम शब्दों का उच्चारण ऐसे करते थे, जैसे कोई गायक उन्हें उनकी आत्मा के साथ गाता है।

हमें यह एहसास तुमने दिया कि आत्मीयता से कोई उलाहना भी दे, तो वह प्रशंसा से अधिक प्रेरक हो सकता है। मसलन मिलने पर तुम कभी-कभी कहते थे : "बहुत निराश करते हो यार!"

तुम प्रेम के असन्दिग्ध पैरवीकार थे। तभी अपने दोस्त की बेटी समता को सम्बोधित कविता में तुमने उसे यह नसीहत दी :

एक दिन बड़ी होना
सब जगह घूमना तू
हमारी इच्छाओं को मज़बूत जूतों की तरह पहने
प्रेम करना निर्बाध!

मगर तुम अपने बच्चों के भी दोस्त थे। नहीं चाहते थे कि वे छिपकर प्रेम करें या पढ़ाई की क़ीमत पर करें। करें तो बता दें, कहीं अच्छी-ख़ासी फ़ीस न मारी जाए। सो तुम अपने बेटे से—उसके यह वादा करने पर कि वह ऐसा कुछ नहीं करने जा रहा—कहते थे : "हाँ यार! चूना न लगा देना!"

तद्भव से तुम्हारी अनुरक्ति की बुनियाद में रोज़मर्रा की आम ज़िन्दगी के ऐसे रूपकों से तुम्हारा असाधारण लगाव है। किसी ने कहना चाहा है कि तुमने अपनी कविता में 'तद्भवों का संसार' बनाया, मगर यह अर्धसत्य है। मैं देखता था कि तुम तद्भव से तत्सम की अदला-बदली में भी निष्णात थे।

एक बार मैंने किसी से मिलने के बाद तुमसे पूछा कि "मैं परेशान हो गया

था न?", तुमने बड़ा सुन्दर प्रयोग किया : "हाँ, तुम कुछ अस्त-व्यस्त हो गए थे!"

जिसमें तत्सम और तद्भव के बीच आवाजाही की यह क्षमता और रेंज नहीं है, वह हिन्दी का सशक्त कवि हो नहीं सकता।

तुम्हें जो कविता पसन्द नहीं आती थी, उसकी बाबत तुम कहते थे : "यह शोर बहुत करती है।"

शोर न मचे, इसके लिए तुम्हारी कविता गवाह है कि अनुभव की सचाई और गहनता दरकार है :

अँधेरे में भी पहचानी जा सकती है
दुखी आदमी की आवाज़
नक़ली दुखी आदमी की आवाज़ में
टीन का पत्तर बजता है
मसलन मारे गए लोगों पर
राजपुरुष का रुँधा हुआ गला।

त्रिलोचन ने हिन्दी कवियों को सलाह दी थी : "पूरा वाक्य लिखो!"

तुम देते तो शायद यह : "पूरे मन से लिखो!"

37

तुमने परम्परा से मुँह नहीं मोड़ा, उससे तुम्हारी बहस थी। तभी तुमने लिखा कि कवि को जाना होता ही है :

भाषा को रस्से की तरह थामे
साथियों के रास्ते पर।

डर की बात एक ही सन्दर्भ में मैंने तुमसे सुनी कि हम अगर अपने पूर्वजों के दाय, यानी अपनी विरासत को भूल जाएँ, तो उससे अधिक डरावना कुछ नहीं होगा। भवानीप्रसाद मिश्र की ये पंक्तियाँ तुम बहुत आवेग और संजीदगी से सुनाते थे :

तुम डरो नहीं, डर वैसे कहाँ नहीं है
पर ख़ास बात डर की कुछ यहाँ नहीं है
बस एक बात है, वह केवल ऐसी है
कुछ लोग यहाँ थे, अब वे यहाँ नहीं हैं।

शमशेर ने नई पीढ़ी के द्वारा 'क्लासिक्स' को पढ़े जाने की ज़रूरत पर काफ़ी इसरार किया था। तुम्हारा आग्रह भी शायद इससे कुछ मिलता-जुलता था, जब पढ़ाई-लिखाई के हल्ले के बीच तुमने कुछ तकलीफ़ के भाव से इस विडम्बना की ओर मेरा ध्यान खींचा था : "हम लोग 'सर्कुलेशन' में ही आई चीज़ों को पढ़ते हैं।"

तुम नाज़िम हिकमत को हिन्दी में सर्वश्रेष्ठ ढंग से लानेवाले कवि थे। फिर भी तुमने मुझसे कहा था : "मुझे यह बात अच्छी नहीं लगती कि लोग निकानोर पार्रा को तो पढ़ें, पर अपने देश और अपनी भाषाओं के कवियों को भूल जाएँ!"

ताज्जुब नहीं कि तुम्हारी कविता अँधेरे के अछोर विस्तार में ख़ुसरो को अपने साथ खड़ा पाती है :

संशय ख़ुसरो की बातों में
ख़ुसरो की आँखों में डर है
इसी रात में अपना घर है।

बेशक तुमने तस्लीम किया कि आज के नंगे और भीषण दौर में महान अतीत तबाह हो चुका है :

तपस्वी विलुप्त हो गए
घुस गए धनुर्धारी महानायकों के दौर

मगर अपने हृदय के दुर्निवार आकर्षण की बदौलत तुम उसके सार और सौन्दर्य को आत्मसात् कर सके। तभी तुम्हारे यहाँ :

झील में दाढ़ी भिगोते सप्तर्षि
मुस्कुराते हैं आपस में
तुम्हारी तरफ़ इशारा करके

और निराला के संशयग्रस्त राम मिलते हैं, यह आह्वान करते हुए :

होगा वह समर, अभी होगा कुछ और बार
तब कहीं मेघ ये छिन्न-भिन्न हो पाएँगे।

38

नाख़ुश बने रहना गम्भीरता की निशानी नहीं और जो प्रसन्न नहीं हो सकता, वह संघर्ष जारी रख नहीं सकता।

तुम्हारे भीतर एक बच्चा था, जिसकी चंचलता और ताज़गी से तुम प्यार करते थे। तभी अपने एक दोस्त के चार साल के बेटे से तुमने यह सहमति बना ली थी कि वह तुम्हें बाबा या ताऊ नहीं, सिर्फ़ 'वीरेन' कहा करे।

बेर्टोल्ट ब्रेष्ट की कविता याद आती है कि 'जो पानी तुम शराब में मिला चुके हो, उसे अब अलगा नहीं सकते, मगर हर चीज़ बदलती है और अपनी हर आख़िरी साँस के साथ तुम एक ताज़ा शुरुआत कर सकते हो।'

तुम्हारे प्रिय कथाकार ने यह मर्मस्पर्शी बयान दिया है कि 'तुम एक योद्धा थे और अन्तिम क्षण तक बहादुरी से लड़े!' लेकिन इस लड़ाई को तुमने निष्प्रभ या उदास नहीं होने दिया, तो अपने इसी बचपन की बदौलत।

तुम्हारी कविता में आनेवाले कामरेड कज्जी इसके उदाहरण हैं कि सुख में लिप्त होने को तुम पतन का प्रमाण मानते थे; पर एक सीमा तक हर इनसान के लिए उसकी चाहत कितनी स्वाभाविक और मामूली है, बल्कि कितनी ज़रूरी, यह इसरार भी तुम्हीं ने किया : "दो-चार जशन भी कभी, कभी कुछ धूम धाँय...यह कौन नहीं चाहेगा?"

वाल्टर बेंजामिन का एक रूपक ग़ौरतलब है कि टरबाइन मशीन अच्छी तरह चल सके, इसके लिए उसे तेल से नहलाते नहीं, उसके पुर्ज़ों पर बूँद-बूँद तेल गिराते हैं।

तुमने यह काम ज़िन्दगी और कविता, दोनों में किया। सत्रह बरस पहले जब

तुम कानपुर में थे, एक फ़िल्मी गीत लोकप्रिय हुआ था। तुम्हें वह याद तो नहीं था, पर उसके दो शब्द "छैयाँ छैयाँ" गाते हुए तुम कभी अचानक रात के सन्नाटे में बहुत संक्षिप्त और मनमोहक नृत्य करते थे। 'कानपुर' शीर्षक कविता में तुम्हारे जैसा कवि ही ये अनूठी पंक्तियाँ लिख सकता था :

अलबत्ता
लली, घाम में जइये, तौ छतरी लै जइये!

39

झाँसे में मत आओ और पर्दे के पीछे छिपे सच को देखो!

'पाश' की एक कविता है कि 'लोकतंत्र का नाटक' देखते समय 'हाय-हाय करने का मेरा हक़ बनता है' और अब तो इस प्रेक्षागृह में मैं "अपनी पसन्द का बाज़ू पकड़ गद्दे फाड़ दूँगा और पर्दे जला डालूँगा, क्योंकि टिकट देते वक़्त आपने भी टके तक की छूट नहीं दी थी।"

एक प्राध्यापक तुम्हारे अख़बार में अपना लेख छपवाने के लिए बहुत व्यग्र थे, मगर जब छप गया, तो बड़ी लापरवाही से मुझसे बोले : "मैं देख नहीं पाया।" मैंने तुम्हें बताया कि वह जता रहे थे कि उनके लिए उसकी कोई अहमियत ही नहीं है। तुमने कहा : "तुम क्यों उस पर यक़ीन कर रहे? वह रात के अँधेरे में टॉर्च जलाकर उसे पढ़ेगा।"

'चालू' कविता में ही नहीं, जीवन में भी तुम्हें खटकनेवाला शब्द था। जब तुमको पता लगता कि तुमसे जुड़ा कोई व्यक्ति छल-बल से सफल हो गया है, तुम्हें ग्लानि होती, जैसे ख़ुद तुम्हारी उस गुनाह में कोई हिस्सेदारी हो। अपने शोध-छात्र रहे एक साहित्यकार का उल्लेख आने पर तुमने पीड़ा के साथ कहा था : "हाँ, मगर वह चालू हो गया है, यार!" याद आती है तुम्हारी कविता भी :

> *इतने चालू मत हो जाना*
> *सुन-सुन कर हरकतें तुम्हारी पड़े हमें शरमाना!*

एक बार अपने शहर में किसी कार्यक्रम में आमंत्रित एक बड़े आलोचक की अगवानी करने मैं रेलवे स्टेशन गया। वहाँ से निकलते ही अचानक एक नामी

कवि-सम्मेलनी हास्य-कवि से सामना हुआ और वह ज़मीन पर घुटनों के बल बैठकर उनके पैर छूकर बोले : "आलोचक प्रवर! मैं अमुक, हिन्दी का एक छोटा-सा कवि!" आलोचक सौम्य लहजे में हँसे और बग़ैर एक शब्द कहे आगे बढ़ गए। मैंने तुमसे यह तारीफ़ की : "आज उनकी सख़्ती और गरिमा देखने लायक़ थी।" तुमने मुझे सही किया : "इसमें वह नहीं है, जो तुम समझ रहे हो! यह मैनेजमेंट का कौशल है, प्यारे!"

हिन्दी का कोई आलोचक अपने व्याख्यान में तुम्हारा नाम लेता, तो तुम ख़ुश नहीं होते थे। मेरे याद दिलाने पर कहते : "उन्होंने मुझे देख लिया था।" शायद इसीलिए तुमने आगाह किया था :

संस्कृति के दर्पण में ये जो शक्लें हैं मुस्काती
इनकी असल समझना साथी
अपनी समझ बदलना साथी!

40

हालाँकि तुम बहु-पुरस्कृत कवि थे, पर तुम्हारा अभिमत था कि पुरस्कार रचनात्मक उत्कृष्टता का विकल्प नहीं।

लगभग आधी सदी पहले जबलपुर में हरिशंकर परसाई ने—कवि नरेश सक्सेना के यह पूछने पर कि 'क्या कविता पर इनाम मिल सकता है?'—कहा था : "अच्छी कविता पर सज़ा भी मिल सकती है।"

अगर अपवादों को जाने दें, तो पुरस्कार देनेवाली संस्था या उसके नियामक क्या वास्तव में लेखक का सम्मान करते हैं? या उनके लिए यह महज़ एक अनुष्ठान है? अपने को प्रासंगिक बनाए रखने का ज़रिया? सत्ता के इज़हार का तरीक़ा?

यह इससे भी साबित होता है कि आज अगर पुरस्कार लौटाने जाओ, तो कहा जाएगा कि पैसे और प्रतीक-चिह्न तो ठीक, पर सम्मान और यश भी लौटाओ!

एक बार मैं तुम्हारे घर में ठहरा था, तो देर रात एक फ़ोन आया। तुमसे मालूम हुआ कि तुम्हें कोई पुरस्कार दिए जाने का निर्णय हुआ है। मगर मेरे बधाई देने पर तुम बोले : "अख़बार में छप जाने दो! पलट न जाए!"

यानी तुम कहना चाहते थे कि जो पुरस्कार दे रहा है, उसका रचना से न्यूनतम सरोकार है।

दूसरे यह कि रचना में शक्ति न हो, तो पुरस्कार एक व्यंग्य ही है।

एक समारोह में एक कवि से भेंट होने पर—जिन्हें सभी सम्भव पुरस्कार मिले थे—तुमने हाथ मिलाकर हँसते हुए वहाँ मौजूद लोगों से कहा : "देखो, इस कवि को, यह पुरस्कारों पर ही चल रहा है!"

41

तुम्हारे रहते अपमान अकल्पनीय था।

अगर तुम्हारे व्यक्तित्व की बाबत कोई बिम्ब चुनना हो, तो शायद मैं वही चुनूँ, जो तुमने एक कविता में अपने मामा के लिए इस्तेमाल किया है :

—और मामा तो
बिल्कुल लाजवाब, जैसे हो आम सफ़ेदा
तेजस्वी भी मीठा गद्दर रसेदार भी।

तुलसीदास के 'रामचरितमानस' में भरत अपने बड़े भाई राम से कहते हैं कि 'बचपन में तुम्हारे साथ खेलते हुए किसी खेल में जब हारने लगता था, तो भी तुम मुझे जिता देते थे!'

बरसों पहले एक साहित्यिक जलसे की शाम कुछ लेखक पीने-पिलाने तुम्हारे घर पर इकट्ठा हुए थे। उन्हीं में एक मशहूर कवि का इंटरव्यू अख़बार के लिए तुम्हारे कहने पर मैंने लिया था, जिसके बाद वह मुझसे बोले : "अच्छा, तो अब तुम चलो!" उस दौरान तुम कहीं इधर-उधर हो गए थे। मगर जब मैं तुम्हारे घर से निकलकर जा रहा था, तुम रास्ते में मिले।

पूछा : 'कहाँ जा रहे हो?' मैंने पूरी बात बताई। तुम कुछ नाराज़ हुए, पर कहा सिर्फ़ यह : "अरे, तुम जा कैसे सकते हो? यह मेरा घर है।"

तुमने मुझे अलग कमरा दिया। अलग शराब दी। मैं सोच रहा था कि घाटे में नहीं रहा।

मुझ पर शराब नहीं, तुम्हारे प्यार का ऋण है! अशोधनीय ऋण!

42

औपचारिकता, अनुशासन और अकादमिक जड़ता तुम्हारे वश की नहीं थी।

'रचना के लिए एक महान् आलस्य चाहिए'—यह ज्ञानरंजन का कथन है और इसका सत्यापन मैंने तुम्हारी ज़िन्दगी में देखा।

तुम्हारे प्रिय कवि-मित्र मंगलेश डबराल ने अपनी डायरी में यह अनूठी बात दर्ज की थी कि वीरेन कविता को इतना पवित्र मानता है कि अक्सर उसे लिखता ही नहीं है।

लेकिन तुम्हारा यह एहसास कविता तक महदूद नहीं था। तुमने डॉक्टरेट के लिए शायद 'शमशेर, मुक्तिबोध और साही की कविता में मिथक-चेतना' पर शोध किया था। एक बड़े प्रकाशक तुम्हारा वह प्रबन्ध छापने को तैयार थे। मगर तुम्हें मुझे दिखा लेना मुनासिब लगा। मैंने पढ़ने के बाद कहा : 'काम मूल्यवान् है, पर भाषा थोड़ी कठिन है। आप इसमें प्रवाह और पारदर्शिता लाने के लिए फिर से लिखिए!'

तुम बहुत परेशान होकर बोले : "दोबारा तो हमसे न हो पाएगा!" तब से इस मसले पर हमारी बात तो नहीं हो सकी, पर इतना जानता हूँ कि तुमने उसे प्रकाशित नहीं कराया।

काम में अगर कोई क़सर हो, तो उसे सामने लाकर पाठक की चेतना पर अतिरिक्त दबाव डालना तुम्हें एक क़िस्म की हिमाक़त लगती थी। मगर इस वजह से काम को स्थगित रखना या टालते जाना भी तुम्हारी नज़र में आदर्श स्थिति नहीं थी, न तुमने कभी उसका महिमामंडन किया।

एक बार तुमने मुट्ठी बन्द की और खोली और फिर बोले : "ज़िन्दगी इसी तरह कब हाथ से रेत की मानिंद फिसल गई, जान नहीं पाए।" कभी-कभी तुम कहते थे : "जो ग़लती हमसे हुई, वह तुम न करना! बकवास नहीं, काम करना प्यारे!"

43

उत्सवधर्मिता तुम्हें रास नहीं आती थी।

तुम अपनी डायरी के पहले पन्ने पर 'धम्मपद' में संरक्षित बुद्ध का यह वचन लिखते थे : "को नु हासो किमानन्दो, निच्चं पज्जलिते सति"—यानी कैसी हँसी, कैसा आनन्द, जब सब कुछ निरन्तर जल रहा है।

इसलिए जो तुम्हारा मस्ती-भरा अन्दाज़ दिखता था, वह तुम थे नहीं! वह एक आवरण था, जिसमें तुम अपने अन्तस की आभा छिपाए थे। जैसा कि 'प्रसाद' कहते हैं : "एक परदा यह झीना नील छिपाए है जिसमें सुख गात।"

असद ज़ैदी ने ठीक लिखा है कि उनकी नहूसत और तुम्हारी चपलता दरअसल एक ही धातु से निर्मित थी।

अचरज नहीं कि संवेदनात्मक या बौद्धिक रूप से किसी का शिथिल पड़ना या बेज़ार होना तुम्हें पसन्द नहीं था। उसे तुम अपने ख़ास टोन में मन्द की बजाय 'मन्दा' कहते : "यह मन्दा हो गया है, यार!" जैसे दीपक की लौ धीमी हुई हो।

इसी तरह लेखकों का सालाना सम्मिलन करानेवाली एक संस्था के आयोजक से तुमने कहा था : 'यह अच्छी गतिविधि है। पर मुझे शक है कि आप लोग खाने-पीने के लिए इकट्ठा होते हैं! उसमें विचार का तत्त्व कम है।'

तुम्हारी कविता में जो मूर्तिभंजन की कला है, वह जीवन से आती है; जहाँ तुम मठों की उच्छृंखलता पर चोट करने का जोखिम उठाते और एक कृत्रिम प्रभामंडल में लिपटा हुआ किसी को रहने नहीं देते थे। इसके लिए शराब के नशे को तुमने कभी-कभी बहाने के तौर पर इस्तेमाल किया।

मसलन स्त्रियों से निकटता की अपनी कोशिशों के लिए विख्यात एक आलोचक से तुमने कहा था : "मज़ा कर रहे हो भाईसाहब!" और फिर इससे ख़ुश हो रहे उनके दोस्त से भी यही। लाज़िम था कि वह इनकार करते। उस समय उनके हाथ में एक 'टूथपिक' थी।

तुमने कहा : "नहीं भाईसाहब, जिस तरह आप दाँत खोद रहे, उससे तो लगता है कि मज़ा आप भी कर रहे हो!"

44

तुम्हारे सामने अभिमान व्यर्थ हो जाता था।

एक बार मैंने ज़रा गर्व से तुम्हें बताया कि जब मैं पढ़ता था, मुझसे वरिष्ठ एक छात्र गुरुजी की ख़ुशामद किया करते थे। मगर मैंने नहीं की।

तुम बहुत शान्ति से बोले : "तुम्हें उसकी ज़रूरत नहीं थी।"

45

तुम्हारी कविता एक स्तर पर अन्तरंग मित्रों को लिखी गई एक चिट्ठी है, जिसमें सबसे अधिक आत्मबद्धता का अवसाद व्यक्त हुआ है :

आत्मग्रस्त छिछलापन ही जैसे रह आया जीवन में शेष
प्यारे मंगलेश!

हर कवि अपने पूर्वज कवियों के एक संयुक्त और अदृश्य परिवार में जन्म लेता है।

केदारनाथ अग्रवाल की काव्य-पंक्ति है : "एक हथौड़ेवाला घर में और हुआ।" इस तर्ज़ पर यह सरलीकरण करना तो गुनाह होगा कि तुम किस ख़ास घराने या स्कूल में जन्मे थे; मगर यह देखा जाना शायद मुमकिन हो कि तुम्हारे कवि का चेहरा सबसे ज़्यादा किससे मिलता है।

मुझसे ज्ञानरंजन ने कहा कि 'वीरेन के रूप में नागार्जुन के मिज़ाज का एक और कवि हुआ और हिन्दी के लिए यह बहुत बड़ी बात हुई।'

जब तुम दूर चले गए, तो बीच-बीच में मिलने के अलावा फ़ोन ही एक सहारा रह गया। उस पर मैंने तुम्हारा हाल जानना चाहा, तो ऐसा कई बार हुआ कि तुमने कहा : "घटिया जीवन जी रहा हूँ, यार!" या फिर तुम इसी वज़न का कोई और शब्द इस्तेमाल करते, जैसे तुच्छ या पतित।

वह कौन-सी बात थी, जिसके चलते तुम ऐसा सोचने या महसूस करने को मजबूर थे? वह भौतिक सुख-साधनों का अभाव तो नहीं था। न पढ़ने का ही शौक़ था कि जिसमें ख़लल पड़ने पर तुम्हें यह मलाल होता। फिर मुझे इस प्रश्न का उत्तर एक दिन नागार्जुन की कविता में नज़र आया :

सड़ी लाशें मिलीं
उनके मध्य लेटा रहा आँखें मींच, मैं
उठा भी तो झाड़ आया
नुक्कड़ों पर स्पीच, मैं!
रहा उनके बीच मैं!
था पतित मैं, नीच मैं!!

यही 'डीक्लास' न हो पाने की पीड़ा, मध्यवर्ग में सिमटे रहने की विवशता का दंश, दूसरे शब्दों में जनसाधारण से एकात्म होकर उसके लिए कुछ कर सकने की बेचैनी तुम्हें नागार्जुन से मिलाती है। तुम्हारे शब्द बारहा इस साम्य की तस्दीक़ करते हैं :

खरखराते पत्तों में कोंपलों की ओट में
पूछते हैं पिछले दंगों में क़त्ल कर डाले गए लोग
अब तक जारी इस पशुता का अर्थ
कुछ भी नहीं किया गया
थोड़ा-बहुत लज्जित होने के सिवा।

46

प्रथमतः मुझे तुम्हारी कविता से मुहब्बत थी। तुम्हारा व्यक्तित्व नेमत की तरह मिला।

इससे मैं एक सामान्यीकरण या कहें कि निष्कर्ष तक पहुँचता हूँ : जो अच्छा कवि है, वह अच्छा इनसान होगा ही।

हर अच्छा इनसान अच्छा कवि हो जाए, यह ज़रूरी नहीं; पर अगर वह अच्छा इनसान नहीं है, तो कवि भी अच्छा नहीं होगा।

47

तुम यह सन्देश दे गए कि अगर अलग रास्ता नहीं पकड़ा, तो क्या कवि?...

दरअसल मैंने तो पकड़ा ही एक अलग रास्ता
वह छोटा नहीं था न आसान
फ़क़त फ़ितूर जैसा एक पक्का यक़ीन।

यह आत्म-संवाद तो है ही, आनेवाले कवियों से तुम्हारी उम्मीद भी है। अपनी राह में यक़ीन करने के साहस के लिए निमंत्रण, जो औरों की नज़र में फ़ितूर है, क्योंकि वह उनका यक़ीन नहीं।

प्रेम में पड़ी हुई बिहारी की एक नायिका का कथन है कि 'या तो मैं बावरी हो गई हूँ या यह सारा गाँव ही, जो पता नहीं क्या जानकर चन्द्रमा को शीतकर कहता है!'

शायद तुमने रॉबर्ट फ्रॉस्ट की यह कविता 'द रोड नॉट टेकेन' भी पढ़ी हो :

दो रास्ते थे एक जंगल में
एक रास्ते पर ज़्यादातर लोग जा रहे थे
दूसरे पर कम
जिस पर कम लोग जा रहे थे
वही रास्ता पकड़ा और
सारा फ़र्क़ जीवन में उसी से पड़ा।

एक मशहूर कवि—जिनका नये कवियों पर काफ़ी असर था और कुछ पर तो अनुकरण की हद तक—की बाबत तुम यह बहुत ख़ूबसूरत बात कहते थे : "उनके जैसा एक ही कवि हिन्दी के लिए ठीक है।"

48

कुछ चीज़ें हैं, जिनका न्याय नहीं किया जा सकता। शमशेर की प्रसिद्ध कविता 'टूटी हुई, बिखरी हुई' की आख़िरी पंक्तियाँ हैं :

...तुमने समझा
कि उनमें तुम थे। नहीं, नहीं, नहीं। उनमें कोई न था। सिर्फ़
बीती हुई
अनहोनी और होनी की उदास
रंगीनियाँ थीं। फ़क़त।

आप किसी भी समस्या या विवाद को लेकर अदालत चले जाएँ, तो कोई-न-कोई 'न्याय' तो वह करेगी ही, मगर क्या वास्तव में वह न्याय होगा? फिर यह भी सम्भव है कि वह किसी और समय में हो। न्याय के समय में नहीं।

किसी विदेशी संस्थान में एक मार्क्सवादी प्रोफ़ेसर पढ़ाते समय बोले : 'मोनालिसा की मुस्कराहट के आर्थिक कारण हैं।' उनकी इस स्थापना पर एक छात्र हँस पड़ा। उन्होंने पूछा : 'तुम हँस क्यों रहे हो?' उसने जवाब दिया : 'मेरे हँसने के आर्थिक कारण नहीं हैं।'

इनसान अपनी तक़दीर को बदलने के लिए संघर्ष करता है; लेकिन कुछ उसकी कोशिश, इच्छा, उम्मीद या कल्पना के परे भी घटित हो जाता है। बक़ौल शमशेर :

होना था—समझना न था कुछ भी, शमशेर
होना भी कहाँ था वह जो हम समझे थे!

क्या किसी भी क़िस्म की टीका-टिप्पणी, विश्लेषण, दोषारोपण और मूल्य-

निर्णय की निरी विद्वत्ता से जीवन की असमाधेय जटिलता को समझा, उससे इंसाफ़ किया जा सकता है?

तुम इस बात को जानते थे कि कई बार किसी ट्रेजेडी के समक्ष चुप रह जाने के अलावा हमारे पास कोई चारा नहीं होता। वहाँ दर्द को महसूस कर सकना ही न्यायशील होना है।

मसलन एक साहित्यिक कार्यक्रम के सिलसिले में हम कभी एक तलाक़शुदा मित्र के घर पर ठहरे थे। बातचीत में कहीं उस सम्बन्ध की विफलता का ज़िक्र आने पर तुमने पीड़ा के साथ सिर्फ़ इतना कहा : "हो जाता है, यार!"

49

अगर तुम्हें अपनी स्वतंत्रता प्रिय है, तो किसी और की स्वतंत्रता को भी आहत न करो!

हजारीप्रसाद द्विवेदी की राय थी कि 'समाज में अन्तर्विरोध हैं, तो इनसान में भी होंगे। अन्तर्विरोध-शून्य सिर्फ़ पशु हो सकता है।'

ईश्वर की अवधारणा से असहमति के बावजूद तुमने अपने लिए जो घर बनाया, उसमें एक कोना उसके लिए भी था :

एक गुप्त कोना भगवान के लिए भी है
जिसके बग़ैर आजकल गुज़र नहीं।

यह एक व्यंग्य था समाज पर या घर के अन्य सदस्यों पर, मगर यह आत्म-व्यंग्य भी था। कबीर ने कहा था कि 'पत्थर को पूजने से ईश्वर मिलते हों, तो मैं पहाड़ की पूजा करूँ'; लेकिन तुम्हें यह कहने की सुविधा नहीं थी, क्योंकि वह कहीं था ही नहीं। न पत्थर में, न उससे इतर।

इसलिए शायद तुम कभी-कभी कहते थे : "प्रतिमा को प्रणाम कर लेने में क्या हरज है?"

यह दूसरों के नज़रिये का सम्मान था, बशर्ते कि वह नैतिकता से वंचित न हो। प्रार्थनागृहों पर तुम्हें एतराज़ था, क्योंकि वे 'खोखले और आत्माहीन' थे; तो उनका वैसा ही प्रतिपक्ष भी तुमको गवारा न था :

चेहरा भी सुन्दर और मोहरा भी
धर्मनिरपेक्षता पर भी है पूरा विश्वास

अब आत्मा में ही नहीं है सुवास
तो क्या कीजे!

कॉलेजों और विश्वविद्यालयों के हिन्दी विभाग प्राय: पुरातनपंथ, प्रतिक्रियावाद और साहित्य-द्रोह के गढ़ हैं, जिसकी बुनियाद में भी उनकी शुद्ध शारीरिकता और हृदयहीनता ही है। धर्म का भी उनके लिए यही अर्थ है।

एक दिन मैं तुमसे मिलने गया, तो तुम बोले : "बजरंगबली आए थे।" मैंने चौंककर पूछा : "कौन बजरंगबली?" तुमने जवाब दिया : "अरे वही, तुम्हारे हिन्दी के विभागाध्यक्ष!"

50

अगर किसी व्यक्ति में कातरता का कोई अंश नहीं, तो इसका मतलब है कि सत्ता से उसकी सन्धि है।

एक बार जाड़े के एक इतवार को मैं तुम्हारे घर में टेलीविज़न पर क्रिकेट मैच देख रहा था और भारत हार रहा था। मैंने कहा कि 'मुझे तनाव हो रहा है।' तुमने अचरज ज़ाहिर किया : "इसमें तनाव की क्या बात? यह खेल है। इसका आनन्द लो!"

इससे किसी को लग सकता है कि तुम खेल को राष्ट्र-प्रेम से जोड़कर नहीं देखते थे। मगर यह भ्रम टूटता है, जब हम पी.टी. उषा के बारे में तुम्हारी ये पंक्तियाँ पढ़ते हैं :

काली तरुण हिरनी
अपनी लम्बी चपल टाँगों पर
उड़ती है मेरे ग़रीब देश की बेटी।

दरअसल तुम्हारे मन में इसी करुणा और संघर्षशीलता का सम्मान था, सौदागर पूँजी से दमकते हुए खिलाड़ियों का नहीं :

आँखों की चमक में जीवित है अभी
भूख को पहचानने वाली विनम्रता
इसीलिए चेहरे पर नहीं है
सुनील गावस्कर की छटा।

तुमने यह कभी नहीं चाहा कि पूँजी उन मूल्यों को पराजित करती हुई आए, जिनकी बदौलत कोई प्रतिभा अपने को विकसित कर पाती है :

मत बैठना पी.टी. उषा
इनाम में मिली उस मारुति पर मन में भी इतराते हुए।

जब तुम देखते कि किसी में महज़ प्रबन्धन का कौशल है, पर पीड़ा नहीं, तो उसे 'सूरमा' कहते। मगर तुम इस विडम्बना से वाक़िफ़ थे कि वह वीरता नहीं है, क्योंकि प्यार का जोखिम उठा नहीं सकती :

अब दरअसल सारे ख़तरे ख़त्म हो चुके
प्यार की तरह।

51

झगड़े की जो भी बात है, वह क्या बात है...

ऐसे कठमुल्ले मत बनना
बात नहीं हो मन की तो बस तन जाना।

एक महफ़िल में मैंने अपने प्रिय अग्रज, एक श्रेष्ठ रचनाकार से कुछ अप्रिय कह दिया। मगर उस वक़्त मैं उतने नशे में था, जिसे बेहोशी कह सकते हैं।

कुछ दिन बाद उन्हें फ़ोन मिलाऊँ, तो वह न उठे। न घर का, न दूर का। अब मैं परेशान। क्या करूँ? कहीं ऐसा तो नहीं कि मेरा एक बेशक़ीमती रिश्ता खो गया? उसे बचाने की ख़ातिर मैंने उन्हें एसएमएस किया :

ज़िन्दगी अपनी जब इस शक्ल से गुज़री, ग़ालिब
हम भी क्या याद करेंगे, कि ख़ुदा रखते थे।

एक तो अज़ीम शाइर, दूसरे उनका ज़बरदस्त शे'र। मैंने सोचा था कि यह ब्रह्मास्त्र है। पर वह भी कारगर न हुआ।

हारकर मैंने तुमसे सम्पर्क किया। तुमने उन्हें फ़ोन किया और मुश्किल हल हो गई। हालाँकि मैंने ग़फ़लत में उनसे जो कह दिया था और जो मुझे तुम्हारी मार्फ़त पता चला, वह अक्षम्य था।

मैंने सुखद आश्चर्य से पूछा : "यह कैसे सम्भव हुआ? आपने मेरी ओर से माफ़ी माँग ली थी न?"

तुम्हारा जवाब था : "वह सब तुम जानो! मैंने तो उससे सिर्फ़ यह कहा : 'ऐसी क्या बात है, यार!'"

52

पाठक की स्मृति का हिस्सा बनकर स्वयं न रह जाने में ही कविता का चरम सुख है :

कवि का सौभाग्य है पढ़ लिया जाना
जैसे खा लिया जाना
अमरूद का सौभाग्य है।

इलाहाबाद पर लिखी अपनी कविता में तुम याद करते हो कि वहाँ 'कॉफ़ी हाउस में कुछ लघु मानव, कुछ महामानव और दो चे ग्वेवारा थे, पर मनुष्य था तुम्हारे साथ रमेन्द्र।'

उन्हीं रमेन्द्र त्रिपाठी का कहना है कि 'वीरेन एक किंवदन्ती, एक न यक़ीन किए जानेवाले मिथक के मानिंद है, पर उनके लिए, जो उसके अन्तरंग रूप को नहीं पहचानते।'

लाज़िम है कि अब किसी को लगता है कि तुम बहुत मेहनती और संजीदा कवि थे और किसी और को यह कि तुम लापरवाह थे और कविता तुम्हारी पहली प्राथमिकता नहीं थी। इस संभ्रम की वजह है कि तुम यह छूट नहीं देते कि तुम्हारे मनुष्य और कलाकार में से किसी एक को चुन लिया जाए। तुम 'वसन्त का सुखद अकेलापन' भी हो और जनता में इस क़दर शामिल भी कि उसके संचित आक्रोश की अभिव्यक्ति :

हज़ार ज़ुल्मों से सताये मेरे लोगो
मैं तुम्हारी बददुआ हूँ।

मेरे गुरु कहते थे कि कविता में 'प्रयास का पसीना' नहीं दिखना चाहिए। तुमने

आदमी को 'पानी की तरह निर्मल और तरल' बताया, जिसके असंख्य उपयोग हैं। उन्हीं में एक है कि वह कभी बेचैन होकर 'अपनी पारदर्शी मांसपेशियों की चोट से चट्टानों को तोड़ने लगता है।' ऐसी ही निश्छल तुम्हारी कविता है, अपनी सुन्दर शक्ति से यथास्थिति को विचलित करती हुई।

औदात्य से तुमने इनकार नहीं किया, मगर अपारदर्शिता और आभिजात्य से तुम्हारी अनबन रही :

इतने दुर्गम मत बन जाना
सम्भव ही रह जाए न तुम तक कोई राह बनाना।

तुम्हारी कविता काव्यशास्त्रियों द्वारा गढ़े गए प्रतिमानों के अनुगमन में रची नहीं जाती, बल्कि उनके बरअक्स अपने नैसर्गिक ठाट और अक्खड़पन पर भरोसा करती है :

तदेऊष रूज़ेविच की क़सम
कविता लिखना न आया न कभी आएगा ही मुझे।

53

लिखना नश्वरता के ख़िलाफ़ मनुष्य का हठ है और प्यार विस्मरण के विरुद्ध कार्रवाई।

जिसे हम प्यार करते हैं, उसे भूल नहीं सकते। यानी याद रखना प्यार का सुबूत है।

चिकित्सा-विज्ञानियों की भी खोज है कि प्यार एक मस्तिष्कीय गतिविधि है। मगर उसका यह पहलू बिछुड़ने पर ही सक्रिय नहीं होता, बल्कि बिछोह और मिलन के आर-पार विस्तृत सच है। तुम्हारे शब्दों में जब पाया कि वह ऐन्द्रिय अनुभव के दरमियान भी मौजूद है, तो मुझे एक दुर्लभ-सी ख़ुशी हुई : "और तो और तुम्हें देखा तो भी तुम्हें याद किया।"

करुणा और कोमलता की स्मृति कई बार शक्ति में बदल जाती है और उसके ही सहारे हम यातना को अतिक्रान्त कर पाते हैं :

जो अड़ा हुआ है हमें डराता रस्ते में
लपटें लेता घनघोर आग का दरिया है
सूखे चेहरे बच्चों के उनकी तरल हँसी
हम याद रखेंगे, पार उसे कर जाएँगे।

मुझसे किसी-किसी ने पूछा कि 'क्यों लिखते हो ये स्मृतियाँ?' वे नहीं जानते कि यह संस्कार मुझे तुम्हारी कविता से मिला है। प्यार के सन्दर्भ में भूलने से बड़ा कोई गुनाह नहीं : "विस्मृति क्षुद्रता का जघन्यतम हथियार।"

तुम हमारी नश्वरता में अमर हो! इस तरह कवि की अमरता नश्वरता की वृहत् परियोजना की एक अनिवार्य विफलता है :

अनश्वरता
मैं तुझ में धँसा रहूँ
तेरे दिल में मुसलसल गड़ती
एक मीठी फाँस!

54

तुम कोई एहसान नहीं जताते थे, बल्कि ग़ालिब के ये शब्द अक्सर दोहराते : "हम कहाँ के दाना थे, किस हुनर में यकता थे...।"

एक बार तुम्हारे अख़बार में मेरा एक लेख छपा, पर प्रभावशाली तरीक़े से नहीं। मैं मिलने गया, तो तुम बोले : "माफ़ करना यार, वह आकर्षक ढंग से प्रकाशित नहीं हुआ।"

मैंने कहा : "कोई बात नहीं।"

तुम्हारा जवाब आज तक याद है : "कोई बात कैसे नहीं? हम लोगों को प्रस्तुति के ही तो पैसे मिलते हैं।"

जब तुम अच्छा सम्पादन करते, तो किसी बच्चे की तरह ख़ुश होते। मंगलेश डबराल की कविता पर मेरे लेख का शीर्षक था : 'निराशा में भी सामर्थ्य की कविता।' तुमने प्रकाशित किया, तो आख़िरी दो शब्द हटा दिए। उसकी व्यंजना में अनूठा विस्तार पैदा हो गया था।

मैंने फ़ोन करके सुखद विस्मय व्यक्त किया : 'यह तो बहुत सुन्दर हो गया है।'

तुमने कहा : 'मैं बेवक़ूफ़ नहीं हूँ, यार!'

एक पृष्ठ पर फ़िल्म, सीरियल, टेलीविज़न कार्यक्रमों वग़ैरह का ब्योरा रहता। एक टी.वी. चैनल पर सुबह एक प्रसारण होता था 'ऋषि प्रसाद', मगर पता नहीं कैसे उसका नाम छपता था 'रुसी प्रसाद।' मेरी नज़र पड़ी, तो मैंने तुम्हें बताया : "यह तो बड़ी ग़लती है।"

तुम्हारी प्रतिक्रिया अद्‌भुत थी : "ग़लती मानता हूँ, पर हैं ये लोग रुसी प्रसाद ही।"

55

प्यार तुम्हारा नारा था और तुम बराबर उसके प्रसार की कोशिश करते रहे...

तू तभी अकेला है जो बात न ये समझे
हैं लोग करोड़ों इसी देश में तुझ जैसे।

तुमने अपने मित्रों, समकालीन एवं अग्रज कवियों को समर्पित या उन्हें स्मरण करते हुए जितनी कविताएँ लिखीं, शायद ही किसी ने लिखी हों। उनका एक अलग संग्रह न सही, पर स्तवक तो तैयार किया ही जा सकता है।

एक सभा में मैंने अपनी स्मृति से गिरधर राठी की कविता सुना दी। तुमने बहुत प्रभावित और ख़ुश होकर अपने दोस्तों से कहा : "देखो, राठी हमारी पीढ़ी का कवि है। पर हममें से कितनों को उसकी कविता याद है!"

प्यार तुम्हारी नज़र में मनुष्य की अच्छाई का प्रतिमान था। यों तुम ख़ुशनसीब रहे, जैसा कि तुम्हारे समानधर्मा एक कवि ने लिखा है : "मेरे समय का एक लीजेंड चला गया। जितनी मुहब्बत उस पर बरसी, आज़ादी के बाद बहुत कम कवियों पर बरसी होगी।"

इसकी वजह तुम्हारी अपनी शख़्सियत भी थी, जिसका ख़ूबसूरत बयान ज्ञानरंजन की हाल ही मिली चिट्ठी में है : "उसमें मुहब्बतें ही मुहब्बतें थीं, सब कुछ एक शानदार कॉमरेड की तरह।"

मैंने ज्ञान जी से पूछा : "जितना गहन और सशक्त और व्यापक प्यार इस पीढ़ी के कवियों में है, वैसा अब क्यों नहीं है?" वह बोले : "यह प्लास्टिक युग है, भाई!"

प्लास्टिक समय की एक अनूठी बानगी तुम्हारी कविता में भी मिलती है :

झोले में तरबूज़ छिपाना
हमने सीखा
झूठ बात को सच्चे मन से सत्य मानना
अपने जीवन में अपनाना हमने सीखा।

56

तुम रूपकों की मार्फ़त बात करते और तुम्हारी कूट-भाषा के कुछ मानी मैं समझता था।

मसलन कोई व्यक्ति किसी क़िस्म की मूल्यनिष्ठा या प्रतिबद्धता से वंचित होता और मैं उसके बारे में पूछता, तो तुम जवाब देते : "उबले हुए आलू हैं, बिना नमक के।"

किसी की बाबत मैंने तुमसे कहा कि 'वह अच्छे आलोचक हैं।' तुम बोले : "अच्छे तो हैं, पर गाल लाल कर लेते हैं।" यानी उनका अवदान पूर्ण उत्कर्ष को प्राप्त नहीं हुआ है।

अगर किसी कविता में आम जनता के प्रति अवज्ञा या तिरस्कार का भाव दिखता, तो तुम हँसकर कहते : "इसके कवि को तो दौड़ा लेना चाहिए!"

वैसे यह अमीर आलू तुम्हारी कविता में भी आता है :

ग़रीबी सारे पत्ते झाड़ देती है
ऊपर से मोबाइल
जिसकी बजती हुई घंटी
ख़ामख़ा
महत्त्वपूर्ण होने का गुमान पैदा करे
उबले आलू के दिल में।

57

तुम्हारा मित्र होना सम्मान की बात थी।

सबसे मिलना तुम्हें अच्छा नहीं लगता था। ख़ास तौर पर किसी रूढ़िवादी-प्रतिगामी या साहित्यवादी-महत्त्वाकांक्षी व्यक्ति से मिलकर तुम खिन्न हो जाते। सिर्फ़ एक बार ऐसे एक परिचित से मैंने तुम्हारी भेंट करवा दी थी। बाद में तुमने मुझसे कहा : "कैसे-कैसे जाहिलों से मिलवा देते हो, यार!"

निरन्तर साहित्य-चर्चा से तुम्हें कोफ़्त होती। तुम जल्दी ही उस परिवेश से बाहर जाना चाहते।

तुम्हारे अच्छा कवि होने की एक वजह यह भी थी, जैसा कि मुक्तिबोध का कथन है : "साहित्य के लिए साहित्य से निर्वासन आवश्यक है।"

कभी तुम यह कह देते थे : "मैं तुम लोगों से बोर हो गया हूँ।" इसी तरह एक बुज़ुर्ग कवि से कुछ कवि गुफ़्तगू में घंटों मशग़ूल रहते, कहते : "उनकी 'कम्पनी' बहुत अच्छी है।" मैंने तुम्हारी राय जानने के लिए उनकी तारीफ़ की। तुमने परेशान होकर कहा : "अच्छे तो हैं, मगर क़िस्से बहुत सुनाते हैं।"

एक वरिष्ठ साहित्यकार ने कोई अनुचित बयान दिया था। मैंने उसका प्रतिवाद किया। उन्होंने तुमसे शिकायत की। तुम बोले : "बुरा मत मानो! उसका हृदय निर्मल है।" यानी, प्रकारान्तर से तुमने कहना चाहा कि मैं सही था।

इसका मतलब मेरा सतत समर्थन नहीं था। कभी-कभी किसी बात पर तुम मुझे टोकते, समझाते या उलाहना देते। ऐसे एक प्रसंग में अपनी सफ़ाई में मैंने कहा : "मैं ग़लत नहीं हूँ।" तुम्हारा जवाब था : "मसला यह नहीं है, क्योंकि तुम ग़लत होते, तो हमारे दोस्त नहीं होते!"

58

तुम हिंसा और उपभोग पर टिकी हुई पत्रकारिता के ख़िलाफ़ थे...

जितना ख़ून सोखता था
उतना ही भारी होता था
अख़बार।

तुम्हारे लिए अख़बार का मतलब लालच, विद्वेष और नकार की मानसिकता से हत्या-अपराध-बलात्कार और विध्वंस को एक सनसनी में बदलकर विक्रय-योग्य बना देना नहीं था और न ही पूँजीपतियों के प्रचार का वाहन भर रह जाना था।

रचना, विचार, साक्षात्कार और समीक्षा के लिए रोज़ तुम्हारे अख़बार में कुछ-न-कुछ जगह होती और बुधवार को तो साहित्य का पूरा पृष्ठ ही होता था—'मध्यमा'। लीक पर चलनेवाले पत्रकारों को इस प्रयोगधर्मी पत्रकारिता से चिढ़ लगती। एक से मैंने प्रशंसा में कहा कि 'वीरेन जी ने अख़बार को अच्छा कर दिया है', तो उसने तुम्हारे विरुद्ध आशु-कविता ही सुना दी :

अच्छा क्या कर दिया है
साहित्य भर दिया है!

एक दिन मैंने तुम्हारे सामने अंग्रेज़ी अख़बारों की तारीफ़ की। स्तरीय और प्रासंगिक विश्लेषण। भाषा को बरतने के अन्दाज़ में उत्साह और हर्ष। शब्द-चयन और वाक्य-विन्यास में चुस्ती और ताज़गी। इसके उलट हिन्दी अख़बारों में एक अराजक दृश्य रहता है। हताशा और पिछड़ेपन का आलम। गोया भाषा के कन्धे झुके हुए हों। ऊपर से छापे की कितनी ही ग़लतियाँ!

तुम असहमत नहीं थे। लेकिन तुमने कहा कि अंग्रेज़ी खाये-पिये वर्ग की भाषा है। उस समय मुझे यह सूझा नहीं कि मैं तुमसे कह पाता : यह कोई विदेशी नहीं, हमारे ही मुल्क का ख़ुशहाल तबक़ा है, जो अपनी कामयाबी और ताक़त के एवज़ में हिन्दी को भूलता और अंग्रेज़ी को अपनाता गया है। हिन्दी अख़बारों की दुर्दशा का कारण यह है कि उनके मालिक इसी तबक़े के लोग हैं।

हिन्दी सत्ता की नहीं, प्राय: संघर्ष की भाषा रही है। क्या इसीलिए उसके पत्रकारों को भरसक कमज़ोर और विपन्न बनाकर नहीं रखा गया है? कैसी विडम्बना है कि जिस ग़रीबी की बात तुमने की है, उसके मालिक अमीर हैं :

शुरू से मैंने पढ़ा
ग़लतियाँ इतनी थीं कि उन्हें
सुधारना मुमकिन न था
एक ग़रीब छापेख़ाने में छपी किताब था जीवन।

59

तुमने पहाड़ों की निर्मिति के सम्बन्ध में जो लिखा है, वह एक तरह से तुम्हारी रचना-प्रक्रिया का भी सच है..."फिर वे पहाड़! क्या-क्या थपोड़कर नहीं बनाया गया उन्हें?"

तुम्हारी कविता किसी पहाड़ी नदी की मानिंद वेगवान्, ताज़ादम, गहरी, विपुल और आकर्षक है। वह करुणा और आक्रोश के साथ संसार से एक आसक्ति भी जगाती है, जिसके बग़ैर कला का कर्तव्य पूरा नहीं होता।

नैनीताल में तुम्हारी संगत में मैं उस जलेबी का रस ले सका, जो पीतल के लोटे से छानकर सेंकी जाती है और फिर जिसे काठ के बरतन में जमाये गए दही के साथ खाते हैं। उसके जैसी 'करारी पूर्णता' की उम्मीद तुम रचना से भी करते थे, जबकि उसमें यह बात पैदा हो सके :

सिंककर खिली
किसी फूल जैसी
वह सुन्दर और गर्मागर्म
पेचीदा सरसता।

रघुवीर सहाय ने कहा था कि 'रचनाकार हमेशा विरोध ही करता रहेगा, तो रचना कब करेगा?'

इसे हम यों भी कह सकते हैं कि अनुभव में गहनता नहीं होगी, तो विषम यथार्थ का सामना करने की शक्ति कहाँ से आएगी; जैसा कि तुमने इशारा किया है :

...हमारे रोपे वे वृक्ष ढहते गए
क्योंकि उनकी जड़ें ज़मीन की सिर्फ़ पपड़ी पर थीं
और धरती कम-से-कम दो मील गहरी होती है।

इसके विपरीत सौन्दर्य के प्रति अपनी अदम्य संवेदनशीलता की बदौलत तुम्हारी कविता तमाम विडम्बना के बरअक्स न सिर्फ़ जीने का उछाह जगाती है, बल्कि उस पर नाज़ करना भी सिखाती है :

सेमल सी रुई जैसे फुरफुरे कोहरे से भरे
नैनीताल की क़सम
जो चीज़ तू है कोई और नहीं।

60

कविता अगर आम आदमी की पीड़ा से मुँह नहीं मोड़ती, तो वह मनुष्यता का आईना है...

रात आईना है मेरा
जिसके सख़्त ठंडेपन में भी
छुपी है सुबह
चमकीली साफ़।

अन्न को ब्रह्म कहनेवाले लोग बहुत ग़रीब रहे होंगे, भले हम उन्हें ऋषि मानते हैं।

मसलन दाल भी उन्हें मुहाल है।

कोई वक़्त ऐसा होता है, जब कविता की अहमियत पता चलती है; जैसे कि कई बार कविता से हम वक़्त को जान पाते हैं।

दाल-रोटी खाओ
प्रभु के गुण गाओ

—इस कहावत में जिस सहजता और आत्म-शान्ति का आख्यान है, वह अब एक स्वप्न ही है। मगर 'प्रभु' का अर्थ यहाँ भगवान् उतना नहीं, जितना मालिक है और उसका गुणगान इसलिए करना है कि वह दाल-रोटी खाने दे रहा है।

तुम्हारी कविता से हमें मालूम होता है कि दाल ग़रीब के लिए हमेशा महँगी थी; यह और बात है कि आज वह उसके लिए अलभ्य बना दी गई है :

'घुटनों-घुटनों भात हो मालिक
और कमर-कमर तक दाल'
यही है हमारे पहाड़ों के धुनार-शिल्पकारों की
सुखद कल्पना की हद
'घुण्डा घुण्डा भात ठकुरो अर कमर-कमर तक दाल।'

61

तुम्हें किसी भी क़िस्म की सत्ता की अधीनस्थता गवारा न थी।

केदारनाथ सिंह की एक कविता है, जिसमें 'गाँव आने पर' वह बिना किसी दुराव या पर्दे के, वहाँ के लोगों से मिलना चाहते हैं; मगर यह संशय उन्हें परेशान करता है कि

...यह कैसे साबित हो
कि उनकी आँखों में
मैं कोई तौलिया या सूटकेस नहीं
मैं ही हूँ!

आख़िर कविता का समापन भी इसी सवाल में होता है कि मिलने का वह कौन-सा ढंग हो, जिसमें सत्ता आड़े न आए; क्योंकि प्यार की राह में यह फ़ासला किसी अपशकुन से कम नहीं :

मिलूँ
पर किस तरह मिलूँ
कि बस मैं ही मिलूँ
और दिल्ली न आए बीच में
क्या है कोई उपाय
कि आदमी सही-साबूत निकल जाए गली से
और बिल्ली न आए बीच में?

यह बिल्ली तुम्हारे यहाँ भी आती है, पहले ही संग्रह की पहली कविता में :

कैसी ज़िन्दगी जिए
अपने ही में गुत्थी रहे
कभी बन्द हुए कभी खुले
कभी तमतमाये और दहाड़ने लगे
कभी म्याऊँ बोले...।

फिर 'रामसिंह' को सम्बोधित कविता में, जब उसके "पिता लाम पर कटा करते थे", तो घर में "बिल्ली की तरह कलपती हुई माँ होती थी।"

फिर एक और कविता में 'अभिशप्त बिल्लियों से भागते और अहर्निश जागते' हुए भी तुम सत्ता के समक्ष क़तई झुकना नहीं चाहते :

इसी ताक में हूँ दिख जाए एक अकेली बिल्ली
फिर भी 'दिल्ली' कहकर हरगिज़
कोई तुक न मिलाऊँ
म्याऊँ कभी न बोलूँ।

ज़ाहिर है कि तुम दिल्ली नहीं, बल्कि बिल्ली की ओर से दिल्ली से मुख़ातिब थे।

62

कोई संध्या-भाषा में बात करता, तो तुम एतराज़ करते थे।

एक बार मशहूर कवि त्रिलोचन तुम्हारे यहाँ ठहरे हुए थे। मैंने उनसे केदारनाथ सिंह की कविता में सौन्दर्य के 'ऑब्सेशन'—यानी हर चीज़ को सुन्दर बना देने के उनके रुझान—की बाबत कुछ कहा।

वह बोले : "उन्हें दोबारा पढ़ो!"

तुमने उनसे कहा : "दोबारा भी वह पढ़ लेगा, मगर अभी जो कह रहा है, उस पर आपकी राय क्या है?"

त्रिलोचन थोड़ी देर चुप रहे। फिर मुस्कराकर बोले : "वैसे एक बात मैं बताऊँ! केदार के यहाँ टमाटर बेचनेवाली जो बुढ़िया है, उसके भी गाल लाल हैं!"

63

उत्कृष्ट कविता में न एक शब्द कम होता है, न ज़्यादा।

नागार्जुन ने राजकमल के लिए लिखा था : "तुम तो थे अद्‌भुत व्यक्ति, चौधरी राजकमल!"

यहाँ नाम उन्होंने उलट दिया है, सिर्फ़ छन्द के अनुरोध से नहीं, बल्कि यह इशारा है कि जैसे आम तौर पर लोग होते हैं, वैसे नहीं थे राजकमल।

यह बात तुम्हारे लिए भी कही जा सकती है। इसलिए कि तुम एक थे। यानी, जैसा दूसरा न हो।

कभी मैं दोपहर में तुमसे मिलने पहुँचता और तुम खाना खा रहे होते, तो कहते : "खाना न खाया हो, तो एक रोटी तुम भी खा सकते हो!"

एक के बाद मैं दूसरी की माँग करता, तो तुम मुश्किल से इजाज़त देते : "मैंने एक के लिए कहा था, चलो दूसरी सही, पर अब और खाने नहीं दूँगा।"

मुझे भूख लगी होती, फिर भी तुम्हारा अनुशासन अच्छा लगता। उसमें एक अचूकता थी, जैसी कि सौन्दर्य में होती है।

काश! जितना प्यार किया जाता, उतना ही कहा जाता।

64

जो नियम प्रेम का है, वही पढ़ाई का है।

त्रिलोचन ने मुझसे कहा था : "एक दिन में एक ही कविता पढ़ा करो!" मैं इसे एक निजी संशोधन के साथ मानता हूँ : "बशर्ते कि कविता श्रेष्ठ हो।"

पढ़ना जीने से पृथक् कोई क्रिया नहीं है—अगर इसमें आप यक़ीन करते हों और पढ़ने का मतलब जीना हो; तो दो बड़ी कविताएँ ही नहीं, दो बड़े कवियों को भी एक साथ नहीं पढ़ सकते।

कितना पढ़ा गया से अधिक महत्त्वपूर्ण है कैसे पढ़ा गया।

जाना है, मगर डूबकर—जिगर ने यों ही नहीं कहा होगा :

यह इश्क़ नहीं आसाँ, इतना ही समझ लीजे
एक आग का दरिया है और डूब के जाना है।

एक अगर गहरा हो तो उसमें सब है और सब मिलकर भी एक ही है।

निर्मल वर्मा शायद इसीलिए कहते थे कि 'बिक्री कम होना प्रकाशक के लिए चिन्ता का सबब हो सकता है, पर मेरे लिए एक पाठक काफ़ी है।'

इस कथन पर 'आभिजात्य' का लेबल लगाने की बजाय ज़रा शेली के बयान पर ग़ौर कीजिए : "कवि दुनिया के अनिर्वाचित विधायक हैं।" और सोचिए कि वह क्या चीज़ है, जो इन 'विधायकों' को निर्वाचित नहीं होने देती?

कहीं यह तो नहीं कि कवि अपना विज्ञापन नहीं करते; बल्कि एकाग्रता का अनुरोध करते हैं, जैसा कि तुमने भी किया है :

ज़रा सम्हल कर
धीरज से पढ़
बार-बार पढ़
ठहर-ठहर कर
आँख मूँद कर
आँख खोल कर
गल्प नहीं है
कविता है यह।

65

तुम आलोचना सहन नहीं कर पाते थे, मगर उसके आशयों को समझना चाहते थे।

अपने लिखे से तुम्हें कितना लगाव था, वह तुम्हारी इन पंक्तियों से ज़ाहिर है :

कुछ कविता-टविता लिख दी तो
हफ़्ते भर ख़ुद को प्यार किया।

ऐसे में कोई कुछ कह दे, तो बड़ी मुश्किल है!

जो शान्त लग रहा है, सम्भव है, उसकी अन्तरात्मा में द्वंद्व हो और जिसे हम सरल मान लें, उसकी कई तहें हों :

जिसको बाँचना इतना सुगम हो
उसी को बूझना
बेहद जटिल।

एक बार एक शहर में कविता-पाठ के लिए तुम्हारे साथ मैं गया। वहाँ ऐसा इन्तज़ाम था कि पढ़ी गई कविताओं पर स्थानीय साहित्यकारों को अपने विचार भी व्यक्त करने थे।

बाक़ी सब तो बड़ाई कर रहे थे, पर एक बुज़ुर्ग आलोचक ने कुछ आक्षेप किया। शायद यह कि तुम्हारी एकाधिक कविताएँ सरलता की ओर झुकी हैं, इसीलिए छन्द का सहारा लेती हैं।

बहरहाल। कार्यक्रम सम्पन्न होते ही तुमने कहा कि लौटना है। मुझे आश्चर्य हुआ। रात हो रही थी। न खाना, न पीना, बल्कि वापस चलना! लेकिन तुमने

ऐसी 'अर्जेंसी' से कहा था कि मैंने कुछ पूछा नहीं। आज्ञा का पालन ही मुझे मुनासिब लगा।

हम गाड़ी में बैठ गए और वह सड़कों पर दौड़ने लगी। तुम असहज थे। काफ़ी देर तक कोई बात नहीं हुई। जब पन्द्रह-बीस मील निकल आए और शहर पीछे छूट गया; तो एक ठंडे, सुन्दर, उन्मुक्त वातावरण में तुमने मुझसे पूछा : "वह बूढ़ा क्या कह रहा था, यार?"

66

कोई तुम्हारी अतिरंजित या असंगत प्रशंसा करता या उसमें 'डुप्लीकेसी' होती; तो वह तुम्हें अच्छा नहीं लगता था।

मसलन तुम्हारी प्रसिद्ध कविता 'रात-गाड़ी' का अंश है :

> *प्यारे मंगलेश*
> *अपन लोग फँसे रहे चीं-चीं-चीं-टुट-पुट में जीवन की*
> *भीषणतम मुश्किल में दीन और देश।*

इस पर एक आलोचक ने मुझसे कहा : "वीरेन हिन्दी का अकेला कवि है; जो दीन और देश, दोनों का कवि है!"

मैंने एक स्व-नियुक्त पत्रकार की मानिंद यह तारीफ़ तुम तक पहुँचाई। तुम बेसाख़्ता बोले : "यह क्या बेवक़ूफ़ी है, यार!"

67

ख़ुशामद के इल्ज़ाम को सही करने के लिए बताना पड़ेगा कि उससे कौन-सा स्वार्थ सिद्ध किया जा रहा है।

न पहाड़ मेरी जन्मभूमि थी, न मैं अख़बार में काम करता था, न तुम्हारे साथ पढ़ाता था। न ऐसी ही कोई दूसरी भौतिक वजह थी। सिर्फ़ कविता से आत्यन्तिक लगाव था, जिसकी बदौलत तुम्हारा कुछ अन्तरंग हो सका।

फिर भी तुम्हारे क़रीबी रहे एक व्यक्ति ने एक बार मुझ पर यह आरोप मढ़ा कि 'मैं तुम्हारी ख़ुशामद करता हूँ!' मैंने कोई प्रतिवाद नहीं किया, मगर मुझे बुरा लगा।

तुमसे बेहतर कौन बता सकता था कि वह मैं करता हूँ या नहीं? इसलिए मैंने तुमसे पूछा। तुम्हारे जवाब में एक सवाल था : "उससे पूछना कि ऐसा करने से मुझे लाभ क्या होगा?"

68

सत्ता-केन्द्रों में अदब से आमंत्रित किया जाए, तो ही जाना!

जब तुम कानपुर छोड़कर गए, तो अख़बार के नये सम्पादक से मेरा परिचय कराया। वह सौम्य और मिलनसार लगे। स्नेह से बोले : 'आप आते रहना! बेझिझक। वीरेन जी और मुझमें फ़र्क़ न करना!'

मगर तुमने एकान्त में मुझसे कहा : "अब तक तुम आते रहे, क्योंकि हमारे मित्र थे, इसलिए नहीं कि मैं सम्पादक था। अब तुम्हें बुलाया जाए, तभी आना! अपने से नहीं।"

यह दीगर बात है कि तुम्हारे जाने के बाद—उनके बारहा इसरार पर भी—उधर जाने की कभी न तबीयत हुई, न हिम्मत। वह दफ़्तर मेरे लिए एक 'उजड़ा दयार' था। बक़ौल ग़ालिब :

थी वह इक शख़्स के तसव्वुर से
अब वह रानाइ-ए-ख़याल कहाँ!

फिर भी वहाँ स्वत: न जाने की तुम्हारी हिदायत भूलती नहीं है। गोया अपनी इस कविता में भी तुम वही बात कह रहे हो :

महारथी की अनुकम्पा भरी मुस्कान
और सोने के हाथों में चमड़े के कोड़े।...
जाना ना, ना जाना उस ठौर!

69

प्रेम किया जा सकता है, मगर उसकी सफलता या विफलता को नियंत्रित नहीं किया जा सकता।

रघुवीर सहाय की एक कविता के मुताबिक़ वृक्ष भी रचनाकार है, क्योंकि वह सूखे पत्ते धूप-छाँह में ऐसे निश्चित विन्यास में गिराता है कि चलती सड़क के किनारे अल्पना आँक देता है।

परिस्थितियाँ उस कला का क्या करेंगी—उसे अक्षुण्ण रखेंगी, और सुन्दर करेंगी या छितरा देंगी—उससे वह एक सच्चे कलाकार की मानिंद निरपेक्ष रहता है :

और जो परिवर्तन उसमें हवा करे
उससे उदासीन है।

पहले सन्देशे भोजपत्रों पर लिखे जाते रहे होंगे। तभी लिखित सन्देश के अर्थ में 'पत्र' शब्द रूढ़ हो गया।

हर कविता लोगों के नाम लिखा गया एक पत्र है।

इस तरह जैसे वृक्ष के पत्र हैं, वैसे ही कवि की कविताएँ। दोनों का अपने सन्देश लिखने और भेजने पर इख़्तियार है, पर उनके मान या अवमानना को तय करनेवाली स्थितियों पर नहीं।

ज़रूरी तटस्थता के होते हुए भी तुम इस सच को जानते थे। इसलिए यह विडम्बना देख पाए कि शब्द का संगीत अपनी कशिश के बावजूद रास्ते में ही कहीं बिखरा पड़ा है :

चिट्ठियाँ लिक्खीं
हवा में डाल दीं
बे-पता थीं
उनका जो होता, हुआ।

70

तुम्हारे लिए प्यार का मक़सद प्यार था।

कहीं हम साथ जाते और तुम्हें वहाँ से जल्दी लौटना होता और मुझे दो दिन बाद; तो तुम दोस्तों से मज़ाक़ में कहते : "मैं आज जा रहा हूँ। पंकज अभी रुकेगा, अपनी 'कॉन्स्टीट्यूएन्सी' बढ़ाएगा।"

हालाँकि वह शरारत थी, मगर उसमें मेरे लिए एक सीख थी : 'अपने लिखे पर भरोसा करना, सम्बन्धों पर नहीं!'

71

उद्दंडता और अहंकार नहीं, आत्म-निर्ममता का साहस और शालीनता एक बड़े रचनाकार की पहचान है।

जो एक ग़ज़ल में शाइर दूसरे सन्दर्भ में कहता है, क्या वह—अगर वैसा मामला दरपेश हो—अपने पाठक के प्रति लेखक को भी नहीं लग सकना चाहिए? "हम ही में थी न कोई बात, याद न तुमको आ सके!"

शमशेर की प्रसिद्ध कविता 'राग' की पंक्तियाँ प्रासंगिक हैं : "उसने मुझसे पूछा, तुम्हारी कविताओं का क्या मतलब है? मैंने कहा : कुछ नहीं। उसने पूछा : फिर तुम इन्हें क्यों लिखते हो? मैंने कहा : ये लिख जाती हैं...उसने मुझसे पूछा, इन शब्दों का क्या / मतलब है? मैंने कहा : शब्द / कहाँ हैं?"

जब मैं तुमसे पहली बार बरेली में मिला और एक आलोचक का बयान याद दिलाया कि 'वीरेन पदार्थमयता के कवि हैं'; तुम उस तारीफ़ से मुतमइन होने की बजाय उसके दूसरे पहलू से मुख़ातिब हुए : "यहाँ विचार कहाँ हैं!"

72

कविता का सही इतिहास वह है, जिससे देश का इतिहास जाना जा सके और 'लोकतंत्र' की असलियत मालूम हो कि उसमें तंत्र तो है, पर लोक नहीं।

इस क्रूरता को कहने के लिए एक सही बिम्ब दरकार है। मसलन मुक्तिबोध के यहाँ जिस चाँद का मुँह टेढ़ा है, उसका सिर गंजा है।

संविधान हो, मगर उसका पालन करने की इच्छा-शक्ति सरकार में न हो; तो विनोद कुमार शुक्ल का यह रूपक दिलचस्प है :

संसद के कंघी के आकार के होने की प्रक्रिया में
सरकार के सिर पर बाल नहीं थे।

फ़ासीवाद आता है तो इस गर्व के साथ कि उसे जनता ने चुना है और यह भी कि उसका एजेंडा विकास है। अलबत्ता कवि को सुनाई पड़ता है 'बिनास'। बक़ौल देवीप्रसाद मिश्र :

मैंने कहा कि आप फ़ासिस्ट हैं
तो उसने कहा कि मुद्दा विकास है
(मैंने बिनास सुना)।

यह संस्कृति के वेश में साम्प्रदायिक कट्टरता की एक नई पैकेजिंग है, जिसके लिए प्रेमचन्द ने कहा था कि जैसे शेर की खाल ओढ़कर गधा आता है।

लाज़िम है कि जो शेर है ही नहीं, उसकी सन्धि है नव-उदार पूँजीवाद और फिर उसकी आड़ में छिपे सैन्य-साम्राज्यवाद से। इसलिए बीते बरसों में जितना विज्ञान और तकनीकि आगे बढ़ी है, उतनी ही बर्बरता भी।

नतीजतन तरक़्क़ी की चकाचौंध में जीवन की अन्तर्वस्तु छीज गई है, जैसा कि तुम्हारे प्रिय कवि-मित्र आलोकधन्वा ने बयान किया है :

लखनऊ में बहुत कम बच रहा है लखनऊ
इलाहाबाद में बहुत कम इलाहाबाद
कानपुर और बनारस और पटना और अलीगढ़
अब इन्हीं शहरों में
कई तरह की हिंसा कई तरह के बाज़ार।

कानपुर पर लिखी गई तुम्हारी कविता में इतिहास की स्मृति भी है और अपने वक़्त की विडम्बना का आख्यान भी :

फूलबाग़ में फूल नहीं
चमनगंज में चमन
मोतीझील में झील नहीं
फ़ज़ल गंज चुन्नी गंज कर्नल गंज में
कुछ गंजे होंगे ज़रूर
मगर लेबर दफ़्तर और कचहरी में न्याय नहीं।

73

तुम साम्यवादी ढंग से सोचते और अभिव्यक्ति के अन्दाज़ से वर्गगत विषमता को ढहाते रहते थे।

दरअसल अपने आशय को सम्प्रेषित करने के लिए तुम्हारे ज़ेहन में कोई उपमा, रूपक या बिम्ब आता था; तो विभाजित नहीं, बल्कि समग्र जीवन की चेतना की बदौलत।

मुझे जब पी-एच.डी. की डिग्री हासिल हुई, तो फ़ोन पर तुम्हारा यह सन्देश मिला : "नाम के आगे डॉक्टर मत लगाना!"

मैंने कहीं पढ़ा था कि निराला रामविलास शर्मा को इसी सम्बोधन से पुकारते थे : 'डॉक्टर'!

मगर तब तक शायद यह शब्द सारहीन नहीं हुआ था।

बाद में हरिशंकर परसाई ने लिखा कि हिन्दी में "इतने डॉक्टर हो गए हैं कि बच्चे खेल-खेल में पत्थर फेंकते हैं, तो किसी डॉक्टर को लगता है।"

उन्होंने यह घटना भी बयान की : 'एक बार किसी पथराव में घायल होकर हिन्दी के पाँच डॉक्टर अस्पताल में भर्ती हुए। नर्स जब अपने अस्पताल के डॉक्टर को पुकारती, तो ये पाँचों बोल पड़ते थे।'

एक पी-एच.डी.-धारी आलोचक मित्र से लम्बे अर्से के बाद मुलाक़ात होने पर तुमने मुझसे कहा था : "यह ताड़ी बनानेवालों की तरह दिखने लगा है।"

74

कविता चरम परिणति में दिल और दिमाग़ ही नहीं, समूचे संवेदन-तंत्र पर असर करना चाहती है। तभी शायद निराला कहते हैं :

प्रिय मुझे वह चेतना दो देह की
याद जिससे रहे वंचित गेह की।

नागार्जुन एक कविता में 'बहुत दिनों के बाद' 'पकी-सुनहली फ़सलों की मुसकान' देखते, 'धान कूटती किशोरियों की कोकिल-कंठी तान' सुनते, 'मौलसिरी के ताज़े-टटके फूल' सूँघते, 'अपनी गँवई पगडंडी की चन्दनवर्णी धूल' छूते, तालमखाने खाते और गन्ने चूसते हैं। अन्ततः उनका बयान है :

अब की मैंने जी-भर भोगे
गन्ध-रूप-रस-शब्द-स्पर्श सब साथ-साथ इस भू पर।

इसके ज़रिए उनका मक़सद महज़ निजी सुख के इज़हार की बजाय पाँचों ऐन्द्रिय विषयों के लिहाज़ से औरों के लिए ज़िन्दगी की कमनीयता को बढ़ाना था और बतौर कवि इस कला में उन्हें महारत हासिल थी...

याद आता मुझे अपना वह 'तरउनी' ग्राम
याद आतीं लीचियाँ, वे आम!

कोई देखना चाहे, तो इन सभी संवेदनों के गहरे और उत्कट रूपों से तुम्हारी कविता भी समृद्ध और जीवन्त है...

तुम्हारी याददाश्त बढ़िया है रामसिंह...
तुम कनटोप पहनकर चाय पीते थे पीतल के चमकदार गिलास में
घड़े में, गड़ी हुई दौलत की तरह रक्खा गुड़ होता था।

एक बार मैं तुम्हारे साथ भोजन कर रहा था और दाल-रोटी—जो मुझे बहुत प्रिय है—मैंने ले ली थी, पर सब्ज़ी नहीं। तुमने आग्रह किया, तो मैं बोला : 'सब्ज़ी मुझे पसन्द नहीं।' इस पर तुमने जो कहा था, वह मैं भूल नहीं सकता : "अरे! यह तो प्रकृति से अन्याय है।"

दिल्ली में प्रेस क्लब के बाहर कबाब ढूँढ़कर खाना तुम्हारे लिए प्यार, प्रतिरोध और पढ़ने जितना ही ज़रूरी और मूल्यवान अनुभव था...

पर ये दिल, मेरा ये कमबख़्त दिल...
ये कूदता है, भागता है, शामी कबाब और आइसक्रीम खाता है
शामिल होता है जुलूसों में
धरनों पर बैठता है
इन्क़लाब ज़िन्दाबाद कहते हुए।

वस्तुओं के निरे उपभोग के बरअक्स तुमने उन्हें रचनाकार की मानिंद देखा और उनके प्रति सराहना और सम्मान की एक नज़र पैदा की। इससे महरूम रह जाना भी एक आत्म-छल होगा, जैसा कि तुम हलवाई के यहाँ 'कढ़ाई में सनसनाते समोसे' देखकर गोया कह रहे हो :

मूर्खता से फैलाए मैंने तारीफ़ में होंठ
कानों तलक
कौन अभागा होगा इस क्षण
जिसके मन में नहीं आएगी एक बार भी
समोसा खाने की इच्छा।

75

तुम्हें अफ़सोस था कि आज़ादी भारत की आम जनता के लिए मुहावरा है, हक़ीक़त नहीं।

तुम यह देख सके कि आज़ादी इनसानों ही नहीं, दूसरे प्राणियों को भी सर्वाधिक प्रिय है; पर उन्हें मयस्सर नहीं :

मैंने रुकुमिनी की आवाज़ सुनी है
जो अपनी माँ को पुकारती बच्चों जैसी कभी
कभी उस युवा तोते जैसी
जो पिंजरे के भीतर भी
जोश के साथ सुबह का स्वागत करता है।

एक बार मैंने पूछा कि तुम्हें कौन-सी काव्य-पंक्तियाँ सबसे अज़ीज़ हैं, तो तुमने ग़ालिब का शे'र सुनाया; जिसका आशय है कि 'मेरी कोशिश की नज़ीर पानी हो, तो उस पक्षी को देखो, जो पिंजरे में बन्द होकर भी घोंसला बनाने के लिए तिनके इकट्ठा करता है' :

मिसाल यह मिरी कोशिश की है, कि मुर्ग़-ए-असीर
करे क़फ़स में फ़राहम ख़स आशियाँ के लिए।

देश को आज़ादी मिलने के साल ही तुम्हारा जन्म हुआ था। बाद में जब यह गणतंत्र बना, तुमने एक इंटरव्यू में बताया है कि 26 जनवरी को सरकारी ख़र्च पर घरों में दीये जलाये गए थे। तुम्हारे पिता उस वक़्त सहारनपुर में मैजिस्ट्रेट थे। फ़ज़ा में बहुत उम्मीदें और सपने थे। मगर दस साल बीतते-न-बीतते वह सब एक छलावा साबित हुआ।

यों 'कुछ नई क़समें', जो तुमने प्रस्तावित की हैं, उनमें 'प्रमोद महाजन की क़सम' भी है, जिन्होंने ग्यारह बरस पहले 'शाइनिंग इंडिया' का नारा दिया था। लेकिन हर बार जनता जानती यही है, जैसा कि शेक्सपियर ने कहा है : 'वह सब जो चमकता है, सोना नहीं है' : "ऑल दैट ग्लिटर्स इज़ नॉट गोल्ड।"

तुमने तो लिखा ही है कि जो चमक रहा है, वह अच्छे कारणों से नहीं :

पर हमने यह कैसा समाज रच डाला है
इसमें जो दमक रहा, शर्तिया काला है।

आज भी यही देश का यथार्थ है। इसीलिए आज़ादी अवाम के वास्ते गोया सिनेमा का सच है, ज़िन्दगी का नहीं :

यार, काग़ज़ से बनाए जाने कितने झंडे
खिंचते भी देखे सिनेमा में भी
इतने बड़े हुए मगर छूने को न मिला अभी तक
कभी असल झंडा
कपड़े का बना, हवा में फड़फड़ करने वाला
असल झंडा
छूने तक को न मिला।

76

संवाद के लिए भाषा नहीं, सह-अनुभूति अनिवार्य है।

जब कभी मैं तुम्हारे घर गया, मैंने देखा कि अपने पिता से तुम्हारी बात नहीं होती थी। एक भी शब्द का लेन-देन नहीं। इससे मुझे लगता कि उस रिश्ते में कोई तनाव है।

यह मैंने बाद में जाना कि अपने पिता से अलग तुम थे ही नहीं। इसलिए भाषा की वहाँ ज़रूरत न थी।

पिता से तुम्हारी ऐसी एकात्मता है, जो रघुवीर सहाय की याद दिलाती है :

दुखी मन में उतर आती है पिता की छवि
अभी तक जिन्हें कष्टों से नहीं निष्कृति
उन्हीं अपने पिता की मैं अनुकृति हूँ
यही मैं हूँ।

एक कविता-पाठ के लिए तुम इलाहाबाद आए और तुम्हें तुरत ही लौटना पड़ा था। वजह तुमने मुझे बताई थी : "देखो, आज मैं घर से निकला हूँ और आज ही पिताजी को ख़ून की उलटी हुई है!"

असल कारण तो उनकी बीमारी रही होगी, मगर तुम्हारी अनुपस्थिति के एहसास से उसका हमला तीखा हो गया था। उस दौर में तुमने कितनी मार्मिक पंक्तियाँ लिखी हैं :

पिता डरें मत, डरें नहीं, वरना मैं भी डर जाऊँगा
तीन दवाइयाँ, दो इंजेक्शन अभी मुझे लाने हैं।

क्या मंत्र की तरह मर्मस्पर्शी और मूल्यवान् अपनी कविता में रघुवीर सहाय भी इस आत्मबल की ख़ातिर पिता से प्रार्थना नहीं करते :

शक्ति दो, बल दो, हे पिता
जब दुख के भार से मन थकने आय
पैरों में कुली की-सी लपकती चाल छटपटाय...

कहते हैं कि श्रेष्ठ कवि वह है; जिसमें बहुत सारी भाव-संवेदनाओं को सम्बोधित करने, उन्हें संश्लिष्ट कर सकने का सामर्थ्य हो। लेकिन वाग्विदग्धता वह सामाजिक परम्परा के द्वंद्वात्मक साहचर्य से अर्जित करता है। मसलन अपने पिता में तुम भाव का यह वैभव पहचानते हो :

पिता आग थे कभी, धुआँ थे कभी, कभी जल भी थे
कभी अँधेरे में रोती पछताती एक बिलारी
कभी नृसिंह कभी थे ख़ाली शीशी एक दवा की...

इसीलिए जब पिता नहीं रहे, यानी मेला उजड़ा; तो उस सूनेपन में उनकी सूनी याद तुम्हें दोहरी विडम्बना-सी लगी...यों लगा कि यह तुम्हारा अबोध बचपन है, जिसमें तुम फिर से अपने पिता के साथ कोई मेला देखने आए हो :

फिरकी के भीतर घूमती
एक और फिरकी
शैशव के किसी मेले की।

77

तुमने साधारण जन से अपनी नियति को कभी अलगाना नहीं चाहा।

त्रिलोचन ने कभी कहा था कि 'कविता को सशक्त और मार्मिक रहना है, तो उसे जनता नहीं, जन से जुड़ना होगा।' यानी सिद्धान्त सच्चा तभी हो सकता है, जब उसमें व्यवहार की समाई हो।

अगरचे तुम्हें यह एहतियात बरतने की ज़रूरत नहीं थी, क्योंकि जन तुम स्वयं थे। मसलन 'बांग्लादेश विजय के सन्दर्भ में प्रधानमंत्री को सम्बोधित' अपनी कविता में तुम कहते हो :

कितना मज़ा आता अगर मैं आपकी जगह हो सकता...
तब मैं पाँच पैसे बचाने के लिए अपनी
साइकिल में ख़ुद हवा नहीं भरता
तब जल्दी मचाने पर पानवाला मुझे डाँटता नहीं
तब मैं आप की तरह साफ़ कपड़े पहनता
तब मैं भी होता तन्दुरुस्त और भव्य।

जो लोग जनसाधारण की वेश-भूषा को आँखें गड़ाकर देखते और उसमें कमियाँ निकालते रहते हैं; वे ऐसी कविताएँ पढ़कर अपनी दृष्टि का संस्कार कर सकते हैं। नागार्जुन जब सवाल उठाते हैं, तो यह जताने के लिए कि यह 'सुरुचि' आर्थिक असमानता का महज़ एक आवरण है :

दूध-सा धुला सादा लिबास है तुम्हारा
निकले हो शायद चौरंगी की हवा खाने
बैठना था पंखे के नीचे, अगले डब्बे में

ये तो बस इसी तरह
लगाएँगे ठहाके, सुरती फाँकेंगे
भरे मुँह बातें करेंगे अपने देस-कोस की
सच-सच बतलाओ
अखरती तो नहीं इनकी सोहबत?
जी तो नहीं कुढ़ता है?
घिन तो नहीं आती है?

जब तुम कानपुर में सम्पादक थे, तो एक बार ट्रेन यात्रा का आरक्षित टिकट लेने की बाबत मुझसे पूछा। मैंने कहा : "आप अपने अख़बार में किसी से मँगवा लीजिए!" तुम बोले : "नहीं यार, वे लोग ए.सी. में रिज़र्वेशन करा देंगे, चूना लगा देंगे!" फिर मैंने तरकीब सुझाई : "मैं ट्रैवेल एजेंट से करा दूँगा, वह तीस रुपये लेगा।" तुमने जवाब दिया : "उसको क्यों तीस रुपये दें? हम लोग कल चलेंगे न, लाइन में लगेंगे!"

बात पैसे बचाने की नहीं, बल्कि यह थी कि जिसे मैं असुविधा समझ रहा था, वह तुम्हारे लिए एक सम्मानित स्थिति थी। ग़ालिब का शे'र याद आता है :

दर्द *मिन्नतकश-ए-दवा न हुआ*
मैं न अच्छा हुआ, बुरा न हुआ।

कई बार कविता—एक मिथकीय रूपक के सहारे कहूँ तो—विष्णु के वामन अवतार की मानिंद एक डग में पूरा विश्व माप लेती है। जैसे तुम्हारी इस पंक्ति में समूचे भारतीय जीवन की विडम्बना का सार समाहित है :

अब तो डब्बे भी पाँच एसी के
पाँच में ठुँसा हुआ बाक़ी वतन।

78

कविता मशक़्क़त की चीज़ है—यह उतना ही अर्धसत्य है, जितना यह कि उसे बाएँ हाथ से लिखा जा सकता है।

कोई रचना स्वाभाविक ढंग से अपनी सम्पूर्णता को न पहुँच रही हो, तो उस पर ज़ोर आज़माया नहीं जा सकता। ज़ौक़ शायद भूल गए कि किसी बड़े शाइर की नक़ल न भी की जाए, तो ख़ुद शाइरी में यह मुमकिन नहीं है :

न हुआ पर न हुआ मीर का अन्दाज़ नसीब
ज़ौक़ यारों ने बहुत ज़ोर ग़ज़ल में मारा।

कविता के लोकतंत्र का यह तक़ाज़ा है : वह आज़ाद करती है, तो आज़ादी चाहती भी है।

असद ज़ैदी ने इस मसले को जितनी ख़ूबसूरती से बयान किया है, शायद ही किसी ने किया हो :

कोई इनसानी कोशिश उसे सुधार नहीं सकती
मेहनत से और बिगाड़ होता है पैदा।

फिर वह क्या वजह है, जिससे आला दरजे के विद्वान् भी अच्छे कवि नहीं बन पाते। वह संवेदना या आँसू की कमी है, जिसके मामले में—इतिहास गवाह है—शिक्षितों की बनिस्बत ग़ैर-पढ़े-लिखे लोग बेहतर हैं।

तुमने इसे एक रूपक के ज़रिए बताने की चेष्टा की है। गाँवों में बैलों-गायों-बकरियों के गले में रंगीन डोर से बँधी घंटियों और कई बार बतख़ों की गर्दन

में सजे घुँघरुओं से जो स्वर फूटते हैं, उनका सबब है ग़रीब निश्छल ग्रामीणों का आत्मिक संगीत और सहृदयता :

यह दरअसल उनका प्रेम है
उनकी आत्मा का संगीत
जो इन घंटियों में बजता है...
यह जानकारी केवल मर्मज्ञों के लिए।
साधारण जन तो इसे जानते ही हैं।

यों मश्क़े-सुख़न ज़रूरी है, पर वह अच्छी कविता की गारंटी नहीं :

यह सब रियाज़ के दम पर सखी
या सिर्फ़ रियाज़ के दम पर नहीं!

79

वस्तुओं, व्यक्तियों और स्थितियों को उनके गुण-धर्म से पहचानो, उन पर लगे 'टैग' से नहीं।

अगर बेलाग होकर चीज़ों को उनके सही नाम से पुकारा जा सके, तो उसमें अकाट्य नैतिक सौन्दर्य और प्रभाव होता है।

किसी ने कहा है कि यह सिर के बल खड़ी दुनिया को सीधा करने की शुरुआत हो सकती है।

हमारे समय में संस्थाएँ और पेशेवर प्रतिभाएँ अपनी अन्तर्वस्तु से इस क़दर रीत गई हैं कि उनमें आपस में और निकृष्ट जीवों के सन्दर्भ में भी एक सादृश्य पैदा हो गया है।

मसलन तुम्हारे शब्दों में इलाहाबाद में क्या बच रहा है :

अब बगुले हैं या पण्डे हैं या कउए हैं या हैं वकील
या नर्सिंग होम, नये युग की बेहूदा पर मुश्किल दलील।

'रात-गाड़ी' शीर्षक कविता से यह बानगी भी द्रष्टव्य है : "रात विकट... विकट रात...विकट रात। दिन शीराज़ा। शाम रुलाई फूटने से ठीक पहले का लम्बा पल।"

एक बार तुम्हारे एक समीक्षक मित्र तुमसे मिलने आए थे। मैंने जानना चाहा : "वह कैसे समीक्षक हैं?" तुमने बताया : "वह अच्छा क्रोनोलॉजर है।" यानी कालक्रम से घटनाओं का अचूक ब्योरा दे सकनेवाला व्यक्ति।

पहले मैं जिस संस्था में पढ़ाता था, उसकी प्रबन्ध-समिति में ज़्यादातर राष्ट्रीय

स्वयंसेवक संघ के लोग थे। वहाँ इलाहाबाद विश्वविद्यालय में तुम्हारे सहपाठी रहे एक सज्जन मेरे वरिष्ठ और एक दूसरे विषय में प्राध्यापक थे।

एक दिन मैंने तुमसे पूछा : "क्या वह योग्य व्यक्ति हैं?"

तुमने जवाब दिया : "आर.एस.एस. का पुराना लठैत है।"

80

तुमने एकान्त में जो कहा, सार्वजनिक तौर पर उसे स्वीकार करने में झिझके नहीं।

कुछ बरस पहले एक प्रसिद्ध कवि-आलोचक ने यह बयान दिया था कि 'कोई साठ-सत्तर युवा कवि इस वक़्त बहुत अच्छा लेखन कर रहे हैं और इस लिहाज़ से हिन्दी कविता का यह स्वर्णिम दौर है, जो पहले कभी नहीं आया था।'

मैंने तुमसे पूछा : 'इसका मतलब क्या है?'

तुमने कहा : "मक़सद यह है कि ऐसा लचीला जाल फेंको कि सारी मछलियाँ उसमें आ जाएँ!"

मैंने तुम्हारी इजाज़त लिये बग़ैर समकालीन कविता पर लिखे एक लेख में इस कथन का इस्तेमाल कर लिया। कुछ दिन बाद मुझे पता चला कि वह कवि-आलोचक बहुत नाराज़ थे और तुमसे पूछनेवाले थे कि क्या तुमने सचमुच यह टिप्पणी की है?

मैं डरा हुआ था, क्योंकि वह तुम्हारी अनौपचारिक अभिव्यक्ति थी। दूसरे, उसे उद्धृत करने की मैंने अनुमति नहीं ली थी। तुम आसानी से यह जवाब दे सकते थे—जो अमूमन ऐसे मौक़ों पर लोग करते हैं—कि 'मैंने यह नहीं, वह कहा था' या 'इस अर्थ में नहीं, उसमें कहा था' या 'इतना कहा था, उसने उतना जोड़ दिया।'

मुझे भय था, पर इसलिए नहीं कि अपने लिखे हुए का अंजाम सहने के लिए तैयार नहीं रहता हूँ, बल्कि यों कि मेरी सचाई दाँव पर लगी थी।

मगर मेरी आशंका बेबुनियाद थी। जब तुम्हारी उनसे कहीं भेंट हुई, तुमने उन्हें बड़ी निर्भयता से बताया : "हाँ, मैंने ऐसा कहा था और इसलिए कि आप कुछ ज़्यादा उदार हो जाते हैं!"

81

दोस्ती में नफ़ा-नुक़सान के बारे में सोचना ही सबसे बड़ी हानि है...

सूखते जाते हैं प्रेम के सभी स्रोत
फँसते जाते हैं मज़बूत विचार उस लचीले जाल में
बुना है महीन बिल्कुल रेशम
घृणिततम सौन्दर्य है वह
जर्जरता की आख़िरी पहचान।

स्मरण करना भी अपनी परम्परा के दाय को वहन करना है।

मसलन मुक्तिबोध ने जो सवाल उठाया :

अब तक क्या किया
जीवन क्या जिया
ज़्यादा लिया, और दिया बहुत-बहुत कम
मर गया देश, अरे, जीवित रह गए तुम!!

उसे तुमने अपनी आत्मीयता की आभा से फिर आलोकित किया :

किसी से कुछ लिया नहीं न किसी को कुछ दिया
ऐसा भी जिया जीवन तो क्या जिया?

रघुवीर सहाय ने लिखा है :

आजकल किताब फूलगोभी सी नरम है
और फूलगोभी है आजकल की किताब सी नीरस।

मगर कोई इन्हें अदल-बदल लेने को राज़ी नहीं, क्योंकि "लोग बहुत व्यावहारिक हो गए हैं।" वे मज़ाक़ नहीं, मनोरंजन पसन्द करते हैं : "जो नफ़रत से पैदा हो।"

उनकी नज़र प्यार नहीं, व्यापार पर है : "फूलगोभी पढ़ने औ' किताब खाने से लाभ क्या होगा?"

एक बार तुम्हें मेरी क़मीज़ इतनी पसन्द आई कि तुमने अदला-बदली का प्रस्ताव रखा। मैंने अपने को ख़ुशक़िस्मत समझा कि मुझे तुम्हारी क़मीज़ पहनने को मिली।

तुम मेरी बग़ल में बैठे थे और कुछ देर बाद मैंने कनखी से अपनी क़मीज़ देखी, जो अब तुम्हारी थी। तुमने मेरे इस देखने को देख लिया और हँसकर बोले : "मूल्यांकन कर रहे हो क्या कि नुक़सान तो नहीं हो गया?"

82

तुम किसी शब्द को ऐसे इस्तेमाल करते थे कि अन्याय का पूरा सन्दर्भ उजागर होता था। मसलन एक मुहावरा है : "हक़ मारना।"

सरकार से हम सही की उम्मीद करते हैं, क्योंकि इंसाफ़ के ही मक़सद से हमने उसे ताक़त दी है।

उसका नाम आने पर मन में छवि उभरती है जनहित के लिए प्रतिश्रुत पराक्रम, प्रामाणिकता और पारदर्शिता की। मगर यह अक्सर आदर्श है, वास्तविकता नहीं।

सरकार का मतलब देश नहीं है। वह कुछ चुने हुए लोगों का समुच्चय है, जिसे एक निश्चित अवधि के लिए शासन की ज़िम्मेदारी सौंपी गई है।

परिस्थिति बहुत विकट हो, तो यह समय कम भी किया जा सकता है, जैसा कि लोहिया ने कहा था : "ज़िन्दा क़ौमें पाँच साल इन्तज़ार नहीं करतीं!"

बहरहाल। सरकार न्याय करेगी या नहीं, यह उसमें बैठे लोगों की ज़ेहनीयत पर निर्भर है।

उत्तर प्रदेश सरकार के पास हम शिक्षकों के वेतन का बहुत सारा पैसा कई वर्षों तक बक़ाया था। बीच-बीच में वह कहती भी रहती थी कि अब भुगतान कर दिया जाएगा।

ऐसे ही एक एलान के बाद फ़ोन पर तुमने मुझसे पूछा : "ये लोग हमारा पैसा दे देंगे? मार तो नहीं देंगे?"

83

प्यार इसलिए नहीं होता कि उसका व्यवसाय किया जाए और वैसा करने की प्रक्रिया में प्रेम रह कहाँ जाता है!

तुम्हारी कविता में प्यार इस क़दर पिरोया हुआ है कि तुमने अलग से इस अन्तर्वस्तु पर लिखने का दावा नहीं किया। प्यार तुम्हारे लिए ज़िन्दगी से संश्लिष्ट है—इतना कि संसार में जो भी सृजन है, उसकी बुनियादी प्रेरणा प्यार ही है :

पीताभ हरित
ख़ूब उकसे हैं पत्ते
चमकदार
...पेड़ों के पास
यही एक तरीक़ा है
बताने का
कि वे भी दुनिया को प्यार करते हैं।

प्रतिरोध और संघर्ष भी वही कर सकता है, जो प्यार करता हो। ममता में ही वह शक्ति है, जो इनसान को अन्याय के मुक़ाबिल खड़ा करेगी :

इन्हीं सड़कों से चल कर
आते रहे हैं आततायी
इन्हीं पर चल कर आएँगे
एक दिन
हमारे भी जन।

एक बार मैंने तुमसे पूछा : 'हिन्दी समाज में इस वक़्त साम्यवादी राजनीति हाशिये पर सिमट गई है और एक हार का सामना कर रही है, ऐसे में रचनाकारों का इससे सहारा लेने का औचित्य क्या है?' तुम्हारा जवाब था : "हम कोई धंधा या कारोबार थोड़े कर रहे हैं। यह मेरी प्रतिश्रुति है,...इसी से दृष्टि और समझ पाई है...भावनात्मक स्तर पर लगता है कि हमारी ज़मीन, हमारा इलाक़ा यही है। दूसरी जगहों पर, मसलन प्रकृति में जब हम जाते हैं, तो इसी ज़मीन पर चलते हुए जाते हैं। हमें लगता है, हमारा रास्ता यही है।"

प्यार तुम्हारे नज़दीक इसी दुनिया का सच था और इतना अपरिहार्य कि उसका न होना डर की बात थी :

समय के भीतर होती है रात
प्रेम होता है पलकों पर बसा हुआ
कि नींद टूटे तो मैं उड़ूँ अँधेरे में चक्कर लगा कर
भयभीत करने के लिए
समय में।

इसीलिए तुमने प्यार को दिव्यता का जामा नहीं पहनाया। बाक़ी ज़िन्दगी से उसके रग-रेशे काटकर, उसे स्वप्निल, सुखद और सर्वथा सुन्दर बनाकर इस तरह प्रस्तुत नहीं किया कि वह कोई विक्रय या उपभोग का सामान हो। उलटे उसके सन्दर्भ के तौर पर बचपन की एक शर्मनाक घटना को बयान करने का साहस तुम्हारे अलावा हिन्दी कविता के इतिहास में शायद ही किसी ने किया हो, जो कि दरअसल जीवन की चकित करनेवाली व्यापकता और वैभिन्न्य के बावजूद उसकी अविभाज्यता का ही इसरार है :

वाक़या ये दर्जा दो का है
स्कूल में टट्टी हो गई थी नेकर में
इतने बरसों के बाद भी बिल्कुल
साफ़-साफ़ घटना अंकित है
बमय सभी रंगों गन्धों के वह कातरता

वह थी जीवन की प्रथम सांघातिक शर्मिन्दगी
रहा प्रेम तो बहुत बाद की चीज़ है।

लालच, जो असीमित यांत्रिक पुनरुत्पादन का हेतु है, अभिव्यक्ति को झूठा और उथला बना देता है; जबकि प्रेम की बदौलत हम रचना करते हैं, जो सौन्दर्यानुभव के अनूठेपन, कशिश और संजीदगी से मूल्यवान् होती है :

वाह, यह सजना!
भाड़ में जा री, अरी बम्बई! अपने असंख्य सजना समेत
धिक्कार तेरी काव्य-भाषा को!

84

शब्दों में अन्त:सलिल संगीत पर जिसका अधिकार है, वही कवि है।

कवि के लिए शब्दों को जानना काफ़ी नहीं है, क्योंकि शब्द दरअसल ध्वनि हैं, जिसमें गति और ऊर्जा समाहित है। यों उनकी मार्फ़त ज़िन्दगी के स्पंदन को पकड़ पाना दरकार है। तभी त्रिलोचन कवि को 'ध्वनिग्राहक' कहते हैं और यह भी :

भाषा की लहरों में जीवन की हलचल है
ध्वनि में क्रिया भरी है और क्रिया में बल है।

इससे भी बड़ी बात यह है कि जब भाषा नहीं थी, तब भी ध्वनियाँ थीं। इसलिए कवि का उन्हें पुकारना शब्दों के बुनियादी शक्ति-स्रोतों के पास जाना है। उनसे जो जादू, यानी गहरा और व्यापक असर पैदा हो सकता है, वह स्वयं शब्दों से नहीं। बक़ौल विनोद कुमार शुक्ल :

मानुष मैं ही हूँ
इस एकान्त घाटी में
यहाँ मैं मनुष्य की
आदिम अनुभूति में
साँस लेता हूँ।...
चारों तरफ़ प्रकृति और प्रकृति की ध्वनियाँ हैं
यदि मैंने कुछ कहा तो
अपनी भाषा नहीं कहूँगा
मनुष्य ध्वनि कहूँगा।

जब मैंने पूछा कि तुम्हारे कविता लिखने की शुरुआत कैसे हुई, तुमने बताया कि 'बचपन में मेरा एक दोस्त चित्र बनाता था। मुझे लगा, वह रंगों के साथ खेल कर सकता है, तो मैं क्यों नहीं शब्दों के साथ?'...और तुमने उन दिनों की अपनी एक छोटी-सी कविता सुनाई, जब तुम माँ को प्रसन्न करने के लिए कुछ लिखा करते थे :

सब बच्चों के प्यारे बापू
अच्छे और दुलारे बापू
चप्पल और लँगोटी पहने
चले सड़क पर चट-चट बापू।

ग़ौरतलब है कि ध्वनियों से तुम्हारा यह लगाव बराबर बना रहा और उनकी कितनी ही छटाएँ तुम्हारी कविता में मौजूद हैं। पन्त, निराला और शमशेर जैसे कवियों के बाद तुमने हिन्दी कविता को कुछ नई आवाज़ों से समृद्ध किया।

मसलन एक तरफ़ आततायी व्यवस्था के चलते अवाम की ज़िन्दगी में छटपटाहट का बिम्ब है : "अन्धकार की सत्ता चिल-बिल चिल-बिल मानव-जीवन"; तो दूसरी ओर निजी सुख-सुविधा के लिए रोज़मर्रा की मामूली और बेमानी लड़ाइयों में ग़र्क़ रहने की मध्यवर्ग की विडम्बना का शोर :

अपन लोग फँसे रहे चीं-चीं-चीं-टुट-पुट में जीवन की
भीषणतम मुश्किल में दीन और देश।

तुम्हारे यहाँ कम्प्यूटर की "सुरीली कट्ट-टक्" है, तो लजाती हुई बेंत का यह सहमा-सा विस्मय भी : "सक् पक् थम्म कौन आता है उधर!"

पूँजीवादी सभ्यता का घन किस क़दर मनुष्य की चेतना में बज रहा और उसने उसे दिग्भ्रमित और बेहाल किया हुआ है, इसका जितना पता हमें ध्वनियों से लगता है, शायद शब्दों से नहीं :

रात भरी भीषण अंधे कोलाहल कलरव से
बूटों की ठक-ठक से

भागती पदचापों से
चीख़ें कम उम्र लड़कियों की
चीत्कार
उत्फुल्लित युवा वर्ग हाय-हाय
धाँय-धाँय-ढम-ढम-ढम
टीवी की टनन-टनन
धन का घन!

85

विप्लव करेंगे तो ग़रीब और वंचित जन ही।

मिथक पुरातनपंथियों को सौंप देने के लिए नहीं हैं, बल्कि उनसे हम अपने संकट का विश्लेषण और उससे मुक्ति का कुछ उपाय कर सकते हैं।

निराला की कविता में बादल 'विप्लव के वीर' हैं और वर्षा ऋतु में जब वे आसमान में गरजते हैं; धनी भयभीत होते हैं, मगर ग़रीब किसान और छोटे-छोटे पौधे उनकी ओर उम्मीद से देखते हैं। क्रान्ति से सामन्तों और पूँजीपतियों का तो नुक़सान ही होगा, पर ये उससे प्रसन्न होंगे और उसके सहभागी भी :

हँसते हैं छोटे पौधे लघुभार—
शस्य अपार
हिल-हिल
खिल-खिल
हाथ हिलाते
तुझे बुलाते
विप्लव-रव से छोटे ही हैं शोभा पाते।

इसी तरह क्रान्तिधर्मी कविता से जनसाधारण को जितनी आत्मीयता होती है, अभिजात वर्ग को उतनी ही अड़चन! निराला ने इसरार किया कि ऐसी कविता की रचना में मुक्त-स्वभाव कवि ही समर्थ होगा, क्योंकि "मनुष्यों की मुक्ति की तरह कविता की भी मुक्ति होती है।"

एक बार मेरे यह पूछने पर कि 'कविता में आपकी क्या कोशिश रही?', तुमने

एक मिथकीय रूपक के सहारे जवाब दिया : "जब मैं भाषा में थोड़ा उत्पात मचाता हूँ, तो लगता है जैसे अशोक-वाटिका में हनुमान् की तरह हूँ। मेरा मक़सद शालीन लोगों को धक्का पहुँचाना है, जिन्होंने कविता को नीले जार में रखी हुई मुक्तिबोध की आँत बना दिया है।"

वानरों का यह मिथक अज्ञेय की भी कविता में आया है, पर उनके पराक्रम को उन्होंने इतने शान्त, सुन्दर, सम्भ्रान्त और निर्लेप लहजे में बयान किया है कि कवि का पक्ष राम का ही जान पड़ता है। उसकी सारी सदिच्छा के बावजूद बन्दर—इतिहास-निर्माण के बाद भी—बन्दर ही रह जाते हैं :

जो पुल बनाएँगे
वे अनिवार्यतः
पीछे रह जाएँगे।
सेनाएँ हो जाएँगी पार
मारे जाएँगे रावण
जयी होंगे राम
जो निर्माता रहे
इतिहास में
बन्दर कहलाएँगे।

लेकिन रावण मारा जाकर भी कहाँ मारा गया? वह कितने ही रूपों में हमारे बीच जीवित और सक्रिय रहा आता है। तभी मुक्तिबोध ने लिखा कि आज के नवयुवकों के दिल में आग है, पर वह उनके काव्य में नहीं झलकती, क्योंकि वे "रावण के यहाँ पानी भरते हैं और हाँ में हाँ मिलाते हैं।" यहाँ तक कि कुछ "बड़े प्रगतिशील महानुभाव भी।"

तुम्हारी कविता साम्राज्यवादी शत्रु के रूप में इस रावण के असीम लालच की अप्रतिम निशानदेही करती है :

जहाँ कहीं जो कुछ भी मतलब का मिले
सब गप्प हप्प

अन्तरिक्ष सागर वन-प्रान्तर या मरुथल सब
हाँ-हाँ-हाँ मेरे हैं
मेरे हैं—मेरे हैं गप्प हप्प।

आज हम देख सकते हैं कि जब मध्यवर्ग का बेशतर हिस्सा बेशर्म और अचूक अवसरवादी ढंग से अन्यायी सत्ता-तंत्र के साथ है, उसके रथ को रोकने का सामर्थ्य सर्वहारा में है। प्राक्-इतिहास को हम ठीक से समझ सकें, तो इसकी एक कुंजी वहाँ भी मिलती है :

किन्तु हाय
यह कँगला वानर समुदाय
ताक-झाँक खिड़की-कंगूरों से
घुस आया लिये सिर्फ़
जलती लुआठियाँ
हाय-हाय-हाय-हाय-हाय।

86

काश! हम यह समझ पाते कि जो प्यार कर सकता है, वही यह गान गा सकता है :

आएँगे, उजले दिन ज़रूर आएँगे।

तुमने पहाड़ों के जनकवि गिर्दा के प्रसिद्ध गीत : 'जैंता एक दिन तो आलो दिन वो दुनी में'—का खड़ी बोली में अनुवाद किया था, जिसका एक मर्मस्पर्शी अंश है :

आएगा वह दिन ज़रूर आएगा दुनिया में
काहे होते हो निराश
...चाहे हम न ला सकें
चाहे तुम न ला सको
मगर कोई न कोई तो लाएगा
उस दिन को दुनिया में।

रास्ता रौशनी ही दिखा सकती है—रौशनी, जो इनसान से इनसान की मुहब्बत है...

हवाएँ रास्ता बतलाएँगी
पता देगा अडिग ध्रुव...चम-चम-चमचमाता
प्रेम अपना
दिशा देगा
नहीं होंगे जबकि हम तब भी हमेशा दिशा देगा।

प्यार का पैग़ाम जिसने भी दिया है, उसको अपने लफ़्ज़ों पर यह एतिमाद रहा है। मीर का शे'र है :

पढ़ते फिरेंगे गलियों में इन रेख़्तों को लोग
मुद्दत रहेंगी याद यह बातें हमारियाँ।

इतिहास के नाज़ुक मोड़ों पर—जब भी मनुष्यता की विजय होगी और प्रतिगामी शक्तियों की हार—तुम्हारे ये शब्द याद आएँगे :

पर डरो नहीं, चूहे आख़िर चूहे ही हैं
जीवन की महिमा नष्ट नहीं कर पाएँगे।

87

सामासिक संस्कृति बयानबाज़ी में नहीं, इनसान की आन्तरिक बनावट और सहज अभिव्यक्तियों में होती है...

वह भी शरीर का ही कोई हिस्सा है
जहाँ से भाप की तरह
तैरता आता है दुख
आवाज़ में घुल जाने के लिए।

रघुवीर सहाय कहते थे कि किसी कवि की राजनीति की सही पहचान करनी हो, तो उसकी ग़ैर-राजनीतिक कविताओं में की जानी चाहिए। उसका सबसे स्वाभाविक, सच्चा और संजीदा इज़हार वहाँ मिलेगा।

इसी तरह ज़िन्दगी में भी राजनीतिक नज़रिया वहाँ समझ में आता है, जहाँ उसका प्रसंग न हो।

आज से आठ-नौ बरस पहले जब शुरुआती जाँचों से तुम्हें कैंसर होने का पता चला, तो हम स्तब्ध थे। मैंने डरते-डरते फ़ोन पर तुमसे बात की : "सब ठीक हो जाएगा, सर!"

तुमने यह नहीं कहा था कि 'हाँ, सही कह रहे हो!' सिर्फ़ यह दुआ : "इन्शा अल्लाह!"

कविता अगर आततायियों को शाप देती है, तो प्रकृति से प्रार्थना भी करती है :

चाँद कोई गाड़ी होती तो मैं उसकी खिड़की पर ठंडे-ठंडे बैठा
देखता अपनी प्यारी पृथ्वी को
कहीं न कहीं तो पहुँच ही जाता।

88

कविता ऐसी हो, जिसे छापने में सम्पादक गर्व करें, यह नहीं कि कवि उनका मुँह जोहे।

'पहल' के सम्पादक ज्ञानरंजन ने मुझे बताया था कि 'जिस उम्र में नये कवियों के कविता-संग्रह आ गए हैं, उस उम्र तक तो वीरेन अपनी कविता सुनाने में भी संकोच करता था। ग़ायब हो जाता था।'

1997 में उन्होंने मुझे एक पत्र में लिखा : "और तुम्हारा एक संयोग सबसे अच्छा यह है कि कानपुर में वीरेन डंगवाल हैं। यह लदभड़, हड़बड़ी में परेशान रहनेवाला कवि बहुत मज़बूत कैंड़े का है।"

इस चिट्ठी में उस तनाव का भी ज़िक्र था, जो तुम्हारी कविताएँ न मिल पाने से उन्हें होता था : "वीरेन मेरी रग जानता है। उसे पता है कि ज्ञानजी नाराज़ रहने का लम्बा बल नहीं रखते...इसीलिए वह कहता है कि ज्ञानजी नाराज़ चल रहे हैं। मतलब बच्चू कितने दिन। यही उसका कारनामा है।"

शायद इसीलिए 1998 में ज्ञानजी ने जब सृजनात्मक गद्य की अपनी किताब 'कबाड़ख़ाना' तुम्हें उपहार के तौर पर भेजी, तो उस पर दाग़ की एक मशहूर ग़ज़ल का यह मिसरा लिखा था : "जिनको मतलब नहीं रहता, वे सताते भी नहीं।"

अब तक तो 'पहल' के 101 अंक आ चुके हैं। मगर 1992 में उसके 46वें अंक में ज्ञानजी ने लिखा था : "यह नसीब है हमारा कि हम वीरेन डंगवाल की कुछ ताज़ा कविताएँ उनके अभिवादन के साथ छाप रहे हैं। नसीब शब्द का इस्तेमाल हमने जान-बूझकर किया है। वीरेन सहज उपलब्ध कविताओं के कवि नहीं हैं।"

2007 में बनारस में हुए 'पहल सम्मान' समारोह में जब तुम कैंसर की जाँच के कारण नहीं आ पाए, तो मैंने देखा कि तुमसे फ़ोन पर बात करने के बाद ज्ञानजी की आँखों से आँसू की कुछ बूँदें ढलक गईं : "भावित नयनों से सजल गिरे दो मुक्ता-दल!"

वैसे ज्ञानजी भी इलाहाबाद के तुम्हारे मित्रमंडल में हैं, जिसके लिए तुमने लिखा है :

दोस्त निश्छल, विद्वेषहीन
जिनकी विस्तीर्ण भुजाओं में था विश्व सकल
सकल प्रेम
ज्ञान सकल।

यों मैंने तुम्हारा यह उसूल पाया कि कविता जब आएगी, तो लिखी जाएगी। महज़ कवि बने रहने के लिए नहीं लिखना है। सम्पादकों की माँग पर भी नहीं।

मैं उस वक़्फे में भी कुछ वक़्त तुम्हारे साथ रहा, जब कविता तुमसे नहीं हो पा रही थी।

मगर इस वजह से मैंने तुम्हें कभी कुंठित या उदास नहीं देखा। उलटे तुम कहते थे : "हम नहीं लिखेंगे कविता। हमने ठेका लिया है क्या?"

89

कभी मन करता है कि आराम किया जाए। बहुत हो गया। झंझट है। वग़ैरह।

मगर क्या आराम कभी मिलेगा?—इस प्रश्न का उत्तर एक दूसरे प्रश्न में छिपा है—क्या वह पहले कभी मिला था?

संसार वह है, जो संसरण करता है। यानी चलता है। संसार का शाब्दिक अर्थ है आवागमन और संसरण का पार्थिव जीवन। इसलिए हम रुक जाएँ, तो भी बीत जाएँगे।

प्रवाह निकल जाने पर पीछे छूटने का मतलब बचना नहीं, बल्कि बिना सार्थकता के क्षरित होना है। तभी तुमने लिखा है :

...जीवन हठीला फिर भी
बढ़ता ही जाता आगे
हमारी नींद के बावजूद।

जिसे हम घर समझते हैं, वह दरअसल डेरा है और भले हम यहाँ रहने आए हैं, पर रहना आख़िर है नहीं। कबीर की वाणी गूँज रही है : "रहना नहीं यह देस बिराना है!"

कोई मंज़िल नहीं है, जहाँ पहुँचकर आराम मिले, क्योंकि उसे जीत माना जा सके...और इसीलिए सफ़र में होना हार नहीं है। शाइर ने कहा कि जो राह थी, वही मंज़िल थी। नाकामी का कोई प्रश्न था ही नहीं :

'फ़ैज़' थी राह सर-ब-सर मंज़िल
हम जहाँ पहुँचे कामयाब आए।

मीर का मशहूर शे'र है :

अहद-ए-जवानी रो रो काटा, पीरी में लीं आँखें मूँद
यानी रात बहुत थे जागे, सुब्ह हुई आराम किया।

यों आराम का क्षण मृत्यु का क्षण है और वह जीवन के बाहर की घटना है।

तुम इस सच को जानते थे। इसीलिए अपने जहाज़ी बेटे पाखू के लिए स्कूली कविता लिखते समय तुमने उसे यह झूठा दिलासा नहीं दिया कि आराम का मौक़ा भविष्य में मिलेगा :

उठा लंगर छोड़ बन्दरगाह
अभी मिलना नहीं है विश्रांति का अवसर
कभी मिलना नहीं है
बस खोजनी है राह।

90

जो चीज़ रह ही न गई हो, उसका क्या मोह!

हजारीप्रसाद द्विवेदी से किसी ने पूछा कि 'विधाता ने दोनों आँखें सामने क्यों लगाई हैं, एक पीछे लगा देते, तो पीछे से आ रहे ख़तरे को देखा जा सकता!' वह बोले कि 'नहीं, संकेत यह है कि सबसे बड़ा ख़तरा है पीछे की ओर जाना, जबकि हमें सिर्फ़ आगे बढ़ना है।'

एक शहर में चाय की एक मशहूर दुकान है। दुकान क्या है, महानता का स्मारक है!

किसी ज़माने में बड़े समाजवादी-वामपंथी नेताओं, लेखकों, बुद्धिजीवियों और छात्रों के ज़ोरदार बहस-मुबाहसे का वह अड्डा रही थी।

अब कहते हैं कि वहाँ संघियों-दक्षिणपंथियों का मजमा लगता है। एक लोक-प्रचलित दोहा याद आता है : "मनुज बली नहिं होत है, समय होत बलवान। भीलन लूटीं गोपिका, वहि अर्जुन वहि बान॥"

फिर भी यह समझने की बात है कि बड़े लोगों के वहाँ कभी जुटते रहे होने के कारण उस दुकान को महत्त्व मिला और यह कि चाय पीने से वह बड़प्पन पैदा नहीं होगा।

मगर अब भी शहर में कोई आता है, तो अतीत की स्मृति में लोग उसे उस दुकान पर ले जाते हैं। तुम्हें भी एक कविता-पाठ के बाद वहाँ ले जाया गया।

बाद में तुमने मुझसे कहा : "वे लोग तो ऐसे वहाँ ले गए, जैसे चाय नहीं पिलानी थी, कुतुब मीनार दिखानी थी!"

91

तुम्हारे लिए कोई एक शब्द इस्तेमाल करने की विवशता हो, तो मैं कहूँगा : अकृत्रिम।

यही सिफ़त तुम्हें ज़िन्दगी के बेहद क़रीब लाई और तुम उसकी महिमा को पहचान सके। दस हज़ार फ़ीट की ऊँचाई पर मनुष्यता को पहुँचाने के लिए सड़क बनाते शहीद हुए मज़दूरों की स्मृति में कृतज्ञता से नतमस्तक होकर तुमने लिखा :

कितनी विराट है यहाँ रात
घुल गए जिसमें हिम-शिखर
नमक के ढेलों की तरह
सामने के पहाड़ अन्धकार में
दीखती हैं नीचे उतरती एक मोटर गाड़ी की
निरीह बत्तियाँ
विराट है जीवन।

प्यार के लिए नज़र का यही विस्तार चाहिए था। इसी बिना पर तुम्हारी एक बड़ी ख़ासियत थी—विडम्बना के बावजूद जीवन के सुखद पहलू को देख पाना :

मेरे चेहरे पर
गोया मुहल्ले के नाई की गँदली फ़व्वारा बोतल से
एक सुहानी फुहार।

शायद इसीलिए सिर्फ़ कुछ ख़ास, ताक़तवर लोगों से रब्तोज़ब्त रखने की उच्च-भ्रू संस्कृति के बरअक्स तुमने उनसे लगाव की बात की, जिन्हें हम जानते तक नहीं :

चिट्ठियाँ छाँटते समय
दीखते हैं कई चेहरे फाटक और कुत्ते
इन्हीं में कई अजनबी भी हैं
मगर उन्हें भी सहेज कर बाँध लिया जाता है
गड्डी में।

मेरे यह पूछने पर कि "आप अपने को किस परम्परा का कवि मानते हैं?", तुमने कहा था : "मैं किस धारा का कवि हूँ,...यह तो दूसरे जानेंगे। इतना ज़रूर कह सकता हूँ कि गण्यमान्य लोगों की धारा मेरी धारा नहीं है।"

यों तुम बराबर प्रभु-वर्ग को प्रश्नांकित करते रहे। देश को मिली आज़ादी का एक प्रमुख अन्तर्विरोध क्या गांधी और नेहरू के फ़ासले में ही नज़र नहीं आता, जैसा कि तुमने जनमत के बहाने लक्ष्य किया है :

यह भी कहते लोग कि यद्यपि हैं नेहरू जी
गांधी के शागिर्द स्वदेशी के हिमायती
लेकिन आला ख़ानदान में रख-रखाव में
उनका जलवा अंग्रेज़ों से भी बढ़कर है।

अब राजनीति बहुत बदल गई है। नेहरू से उसने ठाट-बाट ज़रूर लिया है, मगर उनकी निष्ठा को भुला दिया है, जिस पर गांधी को भी सन्देह नहीं था। नतीजतन हम वह राजनीति देखते हैं, जो मूल्यों की दुहाई देती है, पर जिसके हाथ ख़ून में रँगे हैं :

कौन हैं वे,...कौन
जो हर समय आदमी का एक नया इलाज ढूँढ़ते रहते हैं?
जो बच्चों की नींद में डर की तरह दाख़िल होते हैं?
जो रोज़ रक्तपात करते हैं और मृतकों के लिए शोकगीत गाते हैं?

92

आज सत्ता का दावा है : "'अच्छे दिन' आ गए हैं। सहिष्णुता है। लेखकों की बात मत कीजिए! वे पियक्कड़ हैं। दरबारी हैं।"

'वे सम्मान लौटा रहे, मगर किसे? हम तो—सम्मान करना दूर रहा—उन्हें पहचानते तक नहीं। उनका सम्मान जिसने किया हो, उसको वे बेशक लौटाएँ! वे पार्टियाँ थीं, सरकारें नहीं। सरकार तो पहली बार आई है, मित्रो!—और इसे वे दुनिया भर में बदनाम कर रहे!'

क्या इसीलिए उनकी हत्या हो रही, उनके मुँह पर स्याही पोती जा रही? निर्दोष नागरिकों को अफ़वाह की बिना पर क़त्ल किया जा रहा, दलित बच्चों को ज़िन्दा जलाया जा रहा?

जो सरकार से सहमत नहीं, वे देशद्रोही हैं? उन्हें पाकिस्तान भेज दो?

मेरे पास एक लेखक की चिट्ठी आई है। उनके शब्द हैं : "हिंसा बरस रही है, मतवाले हो गए हैं लोग, ऐसा विभाजन कल्पना से परे था!"

मुक्तिबोध ने लिखा था कि 'गहन मृतात्माएँ दिन में देश के विरुद्ध मिलकर षड्यंत्र करती और हर रात जुलूस में चलती हैं।' उनमें से कइयों को देखकर हैरत होती। दहशत और आश्चर्य :

भई वाह! उनमें कई प्रकांड आलोचक, विचारक, जगमगाते कविगण
मंत्री भी, उद्योगपति और विद्वान्
यहाँ तक कि शहर का हत्यारा कुख्यात
डोमाजी उस्ताद!

आज तुम होते, तो दिन-दहाड़े यह जुलूस देख लेते! इतिहास में पहली बार देश के सर्वश्रेष्ठ लेखक-कवियों, बुद्धिजीवियों और कलाकारों के ख़िलाफ़ सत्ता द्वारा समर्थित और पोषित इसी प्रजाति के लोगों ने एक मार्च निकाला।

मैंने यह कहानी पढ़ी थी : एक कुल्हाड़ी जंगल में बेसहारा भटक रही थी। तभी एक पेड़ उसके कान में फुसफुसाया : 'मैं बनूँगा तुम्हारे लिए बेंट!' जंगल ने एक आह भरी।

गोया तुम्हारी कविता सच हो गई :

डोमाजी उस्ताद सुधर चुके
और विधानसभा भी कभी की वातानुकूलित की जा चुकी
मान लिया भद्र लोगो, कोई ख़तरा नहीं बाक़ी बचा
हड्डी-खोपड़ीविहीन वह शुभ दिन
आ ही गया आख़िर हमारे देश में।

93

देश को गँवाना नहीं, इसे फिर से पाना है।

सत्ताएँ जब इसे 'मेरा भारत महान' या 'अतुल्य भारत' के रूप में विज्ञापित करती हैं, तो यह बिसराकर कि महानता ख़र्च नहीं, अर्जित की जाती है। वह प्रक्रिया है, उपलब्धि नहीं; क्योंकि उसे हम अक्षुण्ण नहीं रख सकते, तो खो देते हैं।

नक्सलबाड़ी किसान विद्रोह की पृष्ठभूमि के चलते आठवें दशक में आन्दोलनरत कवियों और बुद्धिजीवियों को लगता था कि भारतीय समाज में एक रैडिकल परिवर्तन सम्भव है। मगर नवें दशक के अख़ीर में सोवियत संघ और बाद में पूर्वी यूरोप की समाजवादी व्यवस्थाओं के विघटन के साथ वे उम्मीदें पराजित हुईं।

निराशा की उसी मानसिकता में बीसवीं सदी के अन्त के आसपास तुम्हारे प्रिय कवि-मित्र आलोकधन्वा ने लिखा :

भारत में जन्म लेने का
मैं भी कोई मतलब पाना चाहता था
अब वह भारत भी नहीं रहा
जिसमें जन्म लिया।

क्या तुम जानते थे कि अजनबीपन का यह एहसास आगे चलकर इस क़दर बढ़ेगा कि कलाकारों और साहित्यकारों पर अपमानजनक और जानलेवा हमले होंगे, कोई अपना प्यारा देश छोड़ने के लिए मजबूर हो जाएगा, कुछ को ऐसा करने की धमकियाँ दी जाएँगी और कुछ यहाँ रहना ही नहीं चाहेंगे?

अगरचे जो विदेश में बसने की बात करता है; वह एक ओर तो अपने अकूत आर्थिक सामर्थ्य, दूसरी तरफ़ प्रतिगामी ताक़तों से जूझने की अपनी अनिच्छा को भी दिखाता है। कौन झंझट में पड़े का अभिजात रुख़!

क्या इसकी बुनियाद में अपने वतन की मिट्टी से मुहब्बत में कमी नहीं है? बक़ौल ग़ालिब :

ख़ून की लहर के सर से गुज़रने की नौबत हो,
तो क्या हम यार की चौखट से उठ जाएँ?

मौज-ए-ख़ूँ सर से गुज़र ही क्यों न जाए
आस्तान-ए-यार से उठ जाएँ क्या।

मुहब्बत अगर कम नहीं है, तो सवाल यह उठता है कि मुल्क के हालात से अपने मोहभंग के इज़हार के लिए इसे छोड़ देने के 'रेटरिक' का इस्तेमाल करने की ज़रूरत क्या है? दूसरे शब्दों में, यह समस्या का सामना करने का सही तरीक़ा है या कोई हवाई समाधान?

रास्ता तुमने सुझाया था कि जिसे हमने खोया है, उसे हासिल करने की ज़िम्मेदारी भी हमारी ही है :

देस बिराना हुआ मगर इसमें ही रहना है
कहीं ना छोड़ के जाना है इसे वापस भी पाना है
बस न तू आँधी में उड़ियो। मती ना आँधी में उड़ियो।

94

सहिष्णुता के बग़ैर समाज चल नहीं सकता, पर यह नियम दोनों पक्षों पर लागू होता है।

राजनीति में कोई स्थायी शत्रु नहीं होता—इसका एक मतलब यह भी है कि मनुष्य से हमें कभी नाउम्मीद नहीं होना चाहिए। यानी संवाद का फलक व्यापक हो।

किसी ने ठीक ही कहा है कि "हम सहमतों को ही सहमत करते रहेंगे, तो आख़िर कहाँ पहुँचेंगे?"

जब संसद में लोकपाल विधेयक पारित कराने के लिए अन्ना हजारे अनशन कर रहे थे, तो कुछ वामपंथियों ने उनका नैतिक समर्थन किया था; मगर ज़्यादातर का आरोप था कि उनके आन्दोलन में कुछ दक्षिणपंथियों का हाथ है या यह कि कुछ दक्षिणपंथियों पर उनका भी हाथ है।

मैंने यह समस्या तुम्हें बताई, तो तुम बोले : "हाँ, यह हो सकता है, पर जब तक सभी धाराओं के लोग किसी मुहिम में शामिल नहीं होंगे, परिवर्तन नहीं होगा।"

यों चैलेंज यही है : सहिष्णुता से संवाद और संवाद से बदलाव। पर यह प्रयोग वहीं कारगर हो सकता है, जहाँ जड़ता और दोमुँहापन न हो। यानी ऐसी शक्तियाँ न हों, जो सिद्धान्त के रूप में संविधान का गुणगान करें और व्यवहार के स्तर पर अपमान। ऐसे तत्त्वों को देखकर धूमिल के शब्द याद आते हैं कि यह

क़ानून की भाषा बोलता हुआ
अपराधियों का एक संयुक्त परिवार है।

किसी को उलटबाँसी लग सकती है, पर इस परिवार को भी इसके ही अस्त्रों से निरस्त्र करना होगा। यानी अपनी परम्परा के अग्रगामी विवेक से, संयम और शास्त्रार्थ से, दर्शन की समृद्धि और विविधता से। तुम्हारे इस बयान का शायद यही आशय है : "परम्परा कोई त्याज्य या तिरस्कार्य चीज़ नहीं है। हम आधुनिक और प्रगतिशील हैं और परम्परा से भी शक्ति अर्जित करते हैं... जो केवल 'क्लासिकल' या शुद्ध कलावादी हैं, उन्हें भी हम ख़ारिज नहीं कर सकते। हमारा दृष्टिकोण बहुलतावादी और समावेशी होना चाहिए।"

अगर यह नज़रिया नहीं होगा, तो हम विरोध करते हुए भी उनकी मदद कर रहे होंगे, जो सच्चे अर्थों में स्वतंत्र भारत के सपने पर सतत आघात कर रहे हैं—जो—जैसा कि वे कहते हैं—इसे हिन्दू राष्ट्र बनाना नहीं चाहते, फिर भी जिन्हें 'धर्मनिरपेक्ष' शब्द पर आपत्ति है!

अभाग्यवश, असहिष्णुता समाज या राजनीति ही नहीं, साहित्य की भी सचाई है। यह देखा गया है कि लोग जिससे सहमत नहीं हैं, उसे अच्छा और महत्त्वपूर्ण तो क्या, कवि भी मानने को तैयार नहीं!

तुम्हारी कविता के साक्ष्य से सौन्दर्य अहंकार में नहीं, जितना जिसका अवदान हो, उतना उसके स्वीकार में है। मसलन :

याद आए कुछ चेहरे
भूलें भी कुछ कसकीं
जी में आया यह भी
कवि बच्चन में कुछ तो है
बावजूद मधुशाला के!

95

जिसे हम सौन्दर्य समझते हैं, वह दरअसल सत्य है या उसका प्रकटीकरण और जिसे अलंकार, वह प्यार है।

सुन्दर और सशक्त सादृश्य-विधान सम्भव है, अगर वस्तु-जगत् को समग्रता में देखा जा सके; क्योंकि मनुष्य, मनुष्येतर सजीव सृष्टि और चराचर प्रकृति अलग-अलग नहीं, बल्कि परस्पर संश्लिष्ट सच हैं।

यह कहना आसान है कि सब कुछ में एक ही चेतन सत्ता है; मगर वस्तुओं में अभेद, यानी एकता का सत्यापन अनुभूति की गहनता से होता है।

शेक्सपियर के एक कथन को ज़रा बदलकर कहें, तो यह 'प्यार में होने' से प्यार करने और प्यार करने का फ़र्क़ है।

इसी निष्कपट, अन्तरंग, प्रत्यक्ष प्यार की बदौलत तुमने प्रकृति में प्राणियों की-सी सक्रियता महसूस की :

सूर्य का पत्ते की तरह काँपना
हवा में आसमान का फड़फड़ाना
गायों का नदियों की तरह रँभाते हुए भागना

यहाँ तक कि पहाड़ की अटल आकृति में जीवित देह की भावना कर सके :

...ऐन इस पहाड़ की पसली पर
अटका है तुम्हारा गाँव।

जिस तरह गौरैया के प्रति संवेदना से भरकर तुम किसी वस्तु में उसके हृदय की कल्पना कर सकते थे :

मेरे बच्चे की किलकारियों से मत डरो
वे तुम्हारे प्रति उसके उल्लास की
उत्तेजना से निकली हैं
तुम्हारा धनिये के बीज जितना हृदय
पटपटाता होगा
और नन्ही-सी जीभ ख़ुश्क होती होगी

वैसे ही स्कूल के दिनों में स्वाधीनता दिवस पर अपने उत्साह की समता किसी पक्षी में पाते थे : "जन-गण-मन भर सीना तना रहता कबूतर की मानिंद।"

तुम्हारे यहाँ "हरे खीरे जैसी बढ़ती बेटी" रुकुमिनी है, तो उसके जीवन की त्रासदी से आहत माँ का दिल "उपले की तरह सुलगता रहता है" और वह बरसों पहले मरे अपने आदमी नरेसा को याद करती है, "जिसकी बाँहें जैसे लोहे की थीं।" आँखों में जो जल उमड़ आता है, उसका कारण हृदय का सूर्य है :

जिनकी आँखों में अब भी उमड़ते हैं नम बादल
हृदयस्थ सूर्य के ताप से प्रेरित।

तुम जब 'भैंस से बैरागीपन और बन्दर से फुर्ती' माँग सकते थे और कुत्ते की 'पतली गुलाबी जीभ' की सराहना में कह सकते थे :

कैसी रसीली और चिकनी टपकदार, सृष्टि के हर
स्वाद की मर्मज्ञ

तो क़ुदरत का अपना नायाब सृजन-कारख़ाना बन्द करके बैठे ईश्वर से यह भी पूछ सकते थे : "किस घोंसले में जा छिपे हो भगवान?"

तुम्हारी यह अदा महज़ कविता तक महदूद नहीं, बल्कि उसके आर-पार विस्तृत थी। एक बार कॉलेज में तुम्हारे सहकर्मी रहे एक प्राध्यापक दोस्त मिलने आए, तो उनसे मेरा परिचय कराते हुए अन्त में तुमने कहा : "क्लास में जब ये ख़ूबसूरत छात्राओं को देख लेते थे, तो इनकी आँखों में साँप की-सी चमक आ जाती थी।"

96

प्यार की आशा करते समय इनसान को देखना चाहिए कि वह ख़ुद प्यार करता है या नहीं।

तुम्हारे बारे में कहा गया है कि तुम्हें जितनी मुहब्बत मिली, बहुत कम कवियों को मिली होगी। मैंने यह बात ज्ञानरंजन जी से कही, तो वह बोले : "मिली तो इसलिए कि मुहब्बत वह करता भी था।"

कभी फ़ोन पर तुम मुझसे पूछते : "तुम्हारी पत्नी तो ठीक है न?" और जब मैं कहता कि हाँ, तो तुम सुझाव देते : "कभी-कभी उसे स्कूटर पर बैठाकर मोतीझील घुमा लाया करो!" और फिर यह जताने के लिए तुम्हारा इसरार कि यह कोई अतिरिक्त नहीं, बल्कि ज़रूरी गतिविधि है : "यह सब भी तो करना चाहिए न!"

यह सिर्फ़ तुम्हारा अन्दाज़ नहीं था, यही तुम थे!

एक बार मुझे तुमको डाक से कुछ भेजना था और विलम्ब हो रहा था। तुमने वजह जाननी चाही, तो मैंने कहा : "मुझे समय मिल नहीं पा रहा और किसी और पर भरोसा नहीं है।"

तत्काल तुम्हारा स्वर सुनाई पड़ा : "भरोसा पैदा करो प्यारे! उसका न होना अच्छी बात नहीं है।"

मैं टी.वी. पर क्रिकेट के खिलाड़ियों को शैम्पेन से जीत का जश्न मनाते देखता था। कोई सत्रह बरस पहले मैंने तुमसे पूछा : "शैम्पेन कैसी होती है?"

इसके दो जवाब हो सकते थे। पहला कि 'यह तुम मुझसे क्यों पूछ रहे हो?'

और दूसरा, 'ख़रीदकर आज़मा लो!' प्रश्न तो कर दिया था, मगर मैं डर भी रहा था। यह भूलकर कि तुम ठंडे, औपचारिक, अविनम्र और क्रूर नहीं थे।

थोड़ी देर चुप रहकर तुम मुस्कराए और बोले : "किसी दिन चखा देंगे!"

वह दिन तो नहीं आया, पर मैंने जाना कि जीवन जानने के लिए है, वर्जना के लिए नहीं।

97

शब्द सगुण है, मगर अर्थ निर्गुण। इसलिए भीतर की आँख खुली हुई न हो, तो अर्थ नहीं दिखेगा। बक़ौल फ़िराक़ गोरखपुरी :

जब तक ऊँची न हो ज़मीर की लौ
आँख को रौशनी नहीं मिलती।

'ईशावास्योपनिषद्' के पहले ही मंत्र में कहा गया है कि 'संसार का त्यागपूर्वक उपभोग करो, इसमें आसक्त मत होओ, क्योंकि यह किसी का नहीं है, (यानी अस्थिर है और इसीलिए असत्य है।)'

कोई पूछ सकता है कि 'त्यागपूर्वक उपभोग' कैसे किया जाए? शायद इसलिए भी 'श्वेताश्वतरोपनिषद्' के चौथे अध्याय के छठवें मंत्र में एक रूपक की मार्फ़त यह रहस्य समझाया गया है : 'जीव और आत्मा दरअसल दो पक्षी हैं, जो आपस में मित्र-भाव से हमेशा साथ-साथ एक ही वृक्ष, यानी शरीर का आश्रय लेकर रहते हैं। उन दोनों में से एक (जीव) तो उस वृक्ष के फलों को स्वाद लेकर खाता है; लेकिन दूसरा (आत्मा) उनका उपभोग न करता हुआ केवल देखता रहता है।'

तुम कहते थे कि नागार्जुन, शमशेर और त्रिलोचन जैसे हमारे कवि अपनी त्याग-तपस्या, मनीषा और विपुल सृजनात्मक अवदान के मद्देनज़र आधुनिक ऋषि हैं। ऋषि वह है, जो मंत्रद्रष्टा है, यानी मंत्र या कविता का आन्तरिक अर्थ देखने में सक्षम।

एक बार त्रिलोचन तुम्हारे घर आए, तो तुमने उनसे कहा : "आपके आने से यह कुटिया पवित्र हो गई।" हम तीन—त्रिलोचन, तुम और मैं—तीन दिन

तक साथ रहे। उम्र का जितना अन्तर मेरे और तुम्हारे बीच था, उससे अधिक तुम्हारे और त्रिलोचन के बीच।

मगर दरअसल कोई फ़ासला न था। वह कविता की दुनिया थी।

एक रात हम बैठे शराब पी रहे थे। सहसा त्रिलोचन ने मुझसे जो कहा, वह मेरे लिए किसी मंत्र से कम न था : "पी तो रहे हो, पर एक बात ध्यान रखना कि साहित्य से इसका कोई सम्बन्ध नहीं है।"

बाद में कभी मुझे ग़ालिब का एक शे'र मिला, जो मैंने तुमको सुनाया, तो तुम बहुत आत्म-विभोर हो गए : 'शराब से किस गुनाहगार को ख़ुशी की चाह है, मुझको तो उससे निरन्तर एक ज़रा-सी आत्म-विस्मृति दरकार है' :

मै से ग़रज़ नशात है किस रूसियाह को
इक गूना बेख़ुदी मुझे दिन रात चाहिए।

इसी 'गूना बेख़ुदी' के तलबगार तुम भी थे, मगर ख़ूबी यह कि उसके ख़तरे से नावाक़िफ़ नहीं। तभी तुमने आगाह किया :

बग़ल दबी हो बोतल मुँह में जनता का अफ़साना
ऐसे घाघ नहीं हो जाना!

98

अनुभव की शक्ति हो, तो किसी अवास्तविक आश्वासन की ज़रूरत नहीं है।

मेरा एक दोस्त कहता था, 'शराब के साथ तुम वही सुलूक करते थे, जो हम अपने दुश्मन के साथ करना चाहते हैं।' जब पहली बार उसने यह कहा, तो मैंने अचरज से उसकी ओर देखा। उसने अपना आशय स्पष्ट किया कि 'तुम अलमारी में रखी हुई शराब को बची नहीं रहने देते थे।'

एक बार मैंने तुमसे जिरह की कि 'अकबर' इलाहाबादी ने भावनात्मक शराब की बात की है, उसकी नहीं जो हम पीते हैं :

उस मै से नहीं मतलब, दिल जिससे हो बेगाना
मक़सूद है उस मै से, दिल ही में जो खिंचती है।

जवाब में तुम बोले : "हाँ, कहा यही जाता है!"

ग़ालिब ने जब कहा कि "हमको मालूम है जन्नत की हक़ीक़त", तो उनका मतलब यही था कि यह सिर्फ़ एक ख़याल है। इसके बरअक्स इस्लाम में यह मिथक है कि जन्नत में मुक़द्दस मै, यानी पवित्र मदिरा की नहर कौसर है, जिससे हज़रत अली ख़ुद साक़ी बनकर वहाँ पहुँचनेवालों को पिलाएँगे।

ग़ालिब तंज़ करते हैं कि यह तो उस साक़ी की तौहीन होगी, अगर स्वर्ग में ऐसे सुख का प्रलोभन देकर दुनिया में उस पर पाबन्दी लगाई जाए :

कल के लिए कर आज न ख़िस्सत शराब में
यह सू-ए-ज़न है साक़ि-ए-कौसर के बाब में।

गर्मियों में एक दिन दिल्ली में तुम मिले, तो दोपहर में मैं तुम्हारे लिए बियर के

दो 'कैन' लेकर आया। दूसरा कैन पीते हुए तुमने मुझसे पूछा : "यह कितने का मिला?" मैंने बताया : "चालीस रुपये का।"

इस पर तुमने जो कहा, उससे मुझे इतनी ख़ुशी हुई, जितनी कभी किसी चीज़ को ख़रीदकर लाने में नहीं हुई : "चालीस रुपये में जन्नत मिल रही है!"

तुम 'इसी दुनिया' के कवि थे, किसी और संसार की बात कैसे कर सकते थे!

99

किसी आलोचक या भावक को यह सुविधा नहीं है कि वह छोटे को बड़ा या बड़े को छोटा कर सके। ऐसी कोशिश करना अपने दयनीय काव्य-बोध का प्रमाण देना है।

मसलन आलोचक रामस्वरूप चतुर्वेदी ने साहित्य का एक इतिहास लिखा : 'हिन्दी साहित्य और संवेदना का विकास', जिसमें बतौर कवि त्रिलोचन का नाम ही नहीं लिया। एक बार वह हमारे विश्वविद्यालय आए थे। मैंने उनसे इसकी वजह पूछी, तो बोले : "लोकतंत्र में मुझे इसका हक़ है।" मेरे एक गुरु ने उनसे कहा कि "लोकतंत्र है, मगर इतना भी नहीं है कि कविता के इतिहास में त्रिलोचन का नाम न लिया जाए।" शायद वह कहना चाहते थे कि लोकतंत्र का मतलब सर्व-तंत्र-स्वतंत्र होना नहीं है।

इसी तरह जो चीज़ नहीं है, उसे देखना या दिखाना किसी काम नहीं आएगा। तभी हरिवंशराय बच्चन ने लिखा :

कमर में घड़ी
तो पंडित सुन्दरलाल ने भी बाँधी।
हो गए गांधी?

आलोकधन्वा जब कहते हैं कि :

मेरा सब कुछ निर्भर करता है
इस साधारण-सी बात पर

जिसका "विशाल प्रचार कर रहा हूँ"; तो कहना यही चाहते हैं कि वह बात साधारण नहीं और विशाल बात का ही विशाल प्रचार मुमकिन है।

सूरदास का कथन याद आता है कि 'शिशु कृष्ण की शोभा का समुद्र अपार है, पर ब्रज में लोग कहते हैं कि वह यशोदा के गर्भ के अथाह जलधि से जनमा है' :

सोभा सिंधु न अन्त रही री...
जसुमति-उदर-अगाध-उदधि तैं उपजी ऐसी सबनि कही री॥

लक्ष्यार्थ यह कि सौन्दर्य ही सौन्दर्य का कारक हो सकता है।

आलोचना रचना की सुन्दरता को बढ़ाती नहीं, सिर्फ़ उजागर करती है और चूँकि पहले हम उसे देख नहीं सकते थे, इसलिए सहसा वह बढ़ी हुई मालूम होती है।

मैंने तुम्हारे बारे में जो लिखा, वह सब सच है। इसका अर्थ यह भी नहीं कि जो नहीं लिखा, वह झूठ है। मगर जिसे मैं कोई अहमियत या शिल्प नहीं दे पाया, उसे कैसे कहता? कोई मेरी इस अभिव्यक्ति से असहमत हो सकता है, पर सवाल है कि दूसरों का देखा और जाना हुआ तो वे ही कहेंगे, मैं कैसे कहूँगा?

यहाँ तक कि तुम जिस तरह अपने को देखते रहे होगे, मैं तुम्हें वैसे कहाँ देख सकता हूँ?

बरसों पहले जब मैंने तुमसे यों ही कहा था कि मैं तुम्हारे साथ बिताए समय की स्मृतियाँ लिखूँगा, तुमने जवाब दिया था : "मत लिखना यार! बहुत बदनामी होगी।"

100

कविता शब्दों से अधिक अपने मौन में रहती है।

ग़ालिब ने जब यह कहा : "रहिए अब ऐसी जगह चलकर, जहाँ कोई न हो", तो क्या यह भी इशारा नहीं कर दिया कि जहाँ वह हैं, वहाँ भी दरअसल कोई है नहीं।

मैं केदारनाथ अग्रवाल की एक कविता से बहुत प्रभावित हुआ, जिसमें कवि नदी के पास जाता है और उसे सोता हुआ, उदास देखकर चुपचाप लौट आता है, जगाना गुनाह होता :

आज नदी बिल्कुल उदास थी
सोयी थी अपने पानी में
उसके दर्पण पर
बादल का वस्त्र पड़ा था।
मैंने उसको नहीं जगाया
दबे पाँव घर वापस आया।

यह मानवीकरण से अलग एक प्रसंग है। कवि के लिए नदी नायिका नहीं है, फिर भी कमाल है : यह नहीं कह सकते कि नायिका की ही मानिंद उसकी सजीव सत्ता नहीं है। वह कवि की सहगामिनी है और इतनी वास्तविक कि शमशेर की ग़ज़ल याद आए :

किसका साँस है मेरे अन्दर : इतने पास औ' इतनी दूर
इस नज़दीकी में दूरी की हमसफ़री क्यों बाक़ी है।

लगभग दो दशक पहले जब तुम्हारा पहला कविता-संग्रह हाथ लगा, तो उसकी

पहली ही कविता की ऐन शुरुआत में यह कमाल मुझे फिर दिखा; मगर तुमने प्रकृति की बजाय एक वस्तु, यानी चश्मे को अपने गहन आत्मीय संस्पर्श से इतना सजीव किया था कि वह तुम्हारा सबसे विश्वसनीय सहचर था :

एक दिन चलते-चलते
यों ही ढुलक जाएगी गरदन
सबसे ज़्यादा दुख
सिर्फ़ चश्मे को होगा
खो जाएगा उसका चेहरा।

कविता मित्र के रूप में चश्मे की सम्भवता को ही दर्ज नहीं करती, जीवन में इस स्तर की अन्तरंगता के अभाव का भी मर्मस्पर्शी आख्यान रचती है।

101

शादी थी, तो प्यार भी एक चकल्लस ही था :

चाँद की चकल्लस से
कुछ सुन्दर हुई रात
थोड़ी-सी हवा चली
और मज़ा आ गया।

विवाह के बारे में तुम्हारी राय उत्साहजनक नहीं थी। गोया उससे बचा तो नहीं जा सकता, पर जितना टाला जा सके, उतना अच्छा।

यह रुख़ रहीम की याद दिलाता है : 'शादी एक झंझट है, सम्भव हो तो बचा जाओ! उत्सव की ओट में बन्दी बना लिया जाता है।'

रहिमन ब्याह बिआधि है, सकहु तो जाहु बचाय।
पायन बेड़ी पड़त है, ढोल बजाय बजाय॥

मुझे तुम जब भी विवाह के लिए उत्सुक देखते, कहते : "चकल्लस में पड़ जाओगे, प्यारे!"

ख़ुद अपने बारे में तुमने मुझे बताया था कि पहाड़ों पर कैंची एक शान्त और ख़ूबसूरत-सी जगह है, जहाँ—तुम्हारी जब शादी तय की गई, तो उससे बचने के लिए भागकर—तुम एक रिश्तेदार के घर चले गए थे। बाद में तुम्हारे मामा तुम्हें खोजकर लाए और विवाह तुमको करना पड़ा।

अगरचे तुम्हारी कविता गवाह है कि शादी के ज़रिए भी प्यार तक पहुँचा जा सकता है। वह प्रिया, जिसकी बाबत तुमने लिखा है कि "हाई स्कूल में

होमसाइंस थी / महीने में जो कहीं देख लीं तीन फ़िल्में तो धन्य"—तुम्हारी जीवनसंगिनी ही तो है।

कोई ग़ौर करेगा, तो यही माँ है, जिसके माध्यम से तुम उन स्त्रियों को पहचानते हो, जो "सब्ज़ी काटते हुए भी / पार्क में अपने बच्चों पर निगाह रखती हुई प्रेतात्माएँ" हैं।

काल और स्थान के परे तुम इस स्त्री के अथाह दुख की भी कल्पना कर सके, जिसे मानो वह अपने उजास में छिपाए रखती है :

शोक की लौ जैसी एकाग्र
यों कई शताब्दियों से पृथ्वी की सारी थकान से भरी
मेरी प्यारी!

आख़िरी वर्षों में रोग के जानलेवा हमले से यही स्त्री तुम्हें बचाती थी। सम्बन्ध के पर्दे में असहजता की जो क्षीण-सी रेखा काँपती थी, उसका अन्त इस संकोच-भरी, सजल कृतज्ञता में हुआ :

इस बीमारी में
अब तक दवाओं और डॉक्टरों ने बचाए रखा मुझे
या किसी उम्मीद ने
या तुम्हारे प्यार ने
मैं नहीं बताऊँगा।

फिर भी यहाँ सही विकल्प को चिह्नित कर पाने में असमर्थ किसी पाठक ने जब तुमसे कहा कि 'आपने यह कविता अपने पोते-पोतियों को सम्बोधित की है', तुम बोले : "नहीं, उनकी दादी को।"

102

शब्दों की व्यंजना शब्दकोशों के परे है।

तुम शब्द की तासीर पहचानते थे और उससे जुड़ी ऐसी अनूठी बात कहते थे, जो किताबों में कहीं नहीं मिलेगी।

मसलन साल 2015 की शुरुआत में मैंने एक लेख लिखा, जिसमें 'लुम्पेन' शब्द इस्तेमाल किया था। पता नहीं कैसे मुझे यह वहम था कि हिन्दी में इसका प्रतिशब्द लम्पट हो सकता है।

शुक्र है कि एक वरिष्ठ कवि ने सचेत किया : " 'लुम्पेन' का मतलब लम्पट नहीं है।"

मैंने तुमसे पूछा। तुम हँसकर बोले : " 'लुम्पेन' ही लिखो, यह ज़्यादा ज़लील है।"

103

तुमने कहीं तम्बाकू के खेत देखे होंगे, तभी एक कविता में उसे 'चौड़े पत्तों वाले बदमाश' की संज्ञा दी है...

हमारे ही हाथों पैदा होते हैं कई बार
हमारे दुश्मन प्यारे-प्यारे।

मगर तुम्हें कैंसर की जिस भयावहता का सामना करना पड़ा, उससे साबित हुआ कि यह दुश्मन प्यारा जान पड़ता था, पर था नहीं।

पान-तम्बाकू का तुम्हें शौक़ था, पर उसे अक्सर खाते हुए तुमको मैंने नहीं देखा। तुमने एक दोस्त से कहा भी था कि तुम्हारे मुँह के अन्दर त्वचा में कहीं एक तीखा दाँत गड़ता रहता था और वही नासूर बन गया था।

कैंसर के लिए यह भी पर्याप्त वजह है और विज्ञान वैसे भी नैश्चित्य नहीं, सम्भावना की बात करने में सुरक्षित महसूस करता है।

इसीलिए जितने लोग तम्बाकू इस्तेमाल करेंगे, उन सबको एक तय अवधि या मात्रा के अनन्तर कैंसर हो ही जाएगा; न वह ऐसा दावा करता है और न यह होता है।

फिर भी इन तर्कों की ओट में छिपना तुम्हें गवारा नहीं था, क्योंकि अज्ञेयता और रहस्यवाद के लिए न तुम्हारी ज़िन्दगी में जगह थी, न कविता में।

तुम अगर ईश्वर को "हे, अरे, अबे, ओ करुणानिधान" कहकर पुकार सकते थे, तो अपने से भी कोई नरमी कैसे बरत सकते थे?

ग़ालिब ने तो शायद दार्शनिक स्तर पर कहा है कि "दर्द का हद से गुज़रना

है दवा हो जाना", पर तुम वास्तव में इस क़िस्म के बेपनाह दर्द को दवा में ढालने के लिए अपने प्रति बेहद कठोर हो जाते थे।

कैंसर के लगातार इलाज और दोहरे-तिहरे ऑपरेशन के चलते अन्त में तुम्हारा चेहरा ग्रहण-लगे, कटे-फटे, झुलसे, क्षयिष्णु चन्द्रमा जैसा रह गया था।

एक दिन मैं सहम गया, जब तुमने मुझे पान खाने से रोकते हुए कहा : "बहुत इच्छा हुआ करे, तो मेरे चेहरे को देख लिया करो!"

104

तुममें अपनी सुन्दर और अमूल्य स्थापनाओं पर—बदले हुए यथार्थ के आलोक में—संशय करने की ईमानदारी और वेध्यता थी।

तुमने जो लिखा कि "भारत को बचाकर रखेगी / जलेबी", तो तुम्हारा आशय आम जनता से था, जिसने सदियों से भारतीय सामासिक संस्कृति को अक्षुण्ण बनाए रखा है :

यों ही नहीं बन गया
वह ख़मीर
उसके पीछे है
हज़ारों बरस की साधना और अभ्यास।

जब मैं आख़िरी बार ठीक ढंग से तुमसे मिल सका, तो देश के हालात अच्छे नहीं थे। जिस साम्प्रदायिक सोच के कारण महात्मा गांधी की हत्या हुई, उससे जुड़े लोग आज़ाद भारत के इतिहास में पहली बार पूर्ण बहुमत से सत्ता पर क़ाबिज़ थे। हवाओं में उनके हिंस्र उल्लास की धमक थी।

इसका अवसाद-भरा ज़िक्र छिड़ने पर मैंने तुम्हें तुम्हारी यह कविता 'जलेबी' याद दिलाई कि शायद तुम्हें कुछ ख़ुशी और राहत मिले। मगर तुमने बहुत आहत स्वर में कहा : "जनता में अब पहलेवाला भरोसा नहीं रहा।" मैं हिल गया।

फिर भी मैं इसे तुम्हारी पीड़ा की अभिव्यक्ति मानता हूँ, भविष्यवाणी नहीं। आगे इस मुल्क का क्या होगा, नहीं जानता, पर तुम्हारी यह बात कभी भूल नहीं पाऊँगा।

105

प्यार औपचारिकता नहीं, तुम्हारा नज़रिया था।

नई पीढ़ी में आस्था वही रख सकता है; जो उसे प्यार ही नहीं करता हो, समझता भी हो।

बक़ौल नरेश सक्सेना :

कितनी अजीब बात है
कि ठंडे इलाक़ों से
गर्म इलाक़ों की तरफ़ उड़ान भरनेवाली
चिड़ियों की अगुवाई
शिशु चिड़ियाँ करती हैं
उन्हें जन्म से ही पता होते हैं
वे रास्ते
जो उनके पूर्वजों ने तय किए थे।

विज्ञान के मुताबिक़ तुम्हारा दिल जब 'सिर्फ़ पैंतीस फ़ीसद पर काम कर रहा था', तब भी दूसरों के लिए उसकी सम्पूर्णता में कोई कमी न थी...

पर ये दिल, मेरा ये कमबख़्त दिल...
कोई उम्दा कविता पढ़ते हुए अभी भी
भर लाता है इन दुर्बल आँखों में आँसू
दोस्तो-साथियो मुझे छोड़ना मत कभी
कुछ नहीं तो मैं तुम लोगों को
देखा करूँगा प्यार से
दरी पर सबसे पीछे दीवार से सटकर बैठा।

ज़िन्दगी के आख़िरी कुछ महीनों में—जब डॉक्टरों ने जवाब दे दिया था और तुम्हारे दर्द की इन्तिहा नहीं थी—तुम किसी से मिलते, तो अपने कष्ट कभी कहते ही नहीं थे। उलटे उसकी ख़ुशी के लिए चिन्तित रहते।

मसलन मेरे मिलने पर तुमने कहा : "विश्व पुस्तक मेले (नई दिल्ली) में तुम दिखे थे, तो कुछ निष्प्रभ-से लग रहे थे!"

यह दरअसल अपनी रौशनी को औरों में देखने और पाने की चाहत थी और उसी में जन्म ले सकती थी, जो मनुष्यों की बुनियादी एकता में यक़ीन करता हो।

इसलिए इसी दौरान भिलाई के एक युवा कवि ने फ़ोन पर जब तुम्हारी तबीयत के बारे में जानना चाहा, तुमने जवाब दिया : "तुम लोग ख़ुश रहोगे, तो मैं भी ख़ुश रहूँगा।"

तुम शायद जान रहे थे कि ख़ुशी ही नहीं, तुम्हारा जीवन भी बहुत दूर तक सम्भव नहीं था; लेकिन प्यार के तर्क से ये दोनों ही प्राप्य थे।

तुम बच्चों के नेतृत्व में चलकर अँधेरे पर विजय पाने की उम्मीद कर सकनेवाले कवि थे :

सो जाओ बच्चो, रात बहुत हो चली...
या फिर फूट ही पड़ो एक समवेत गान में
खील-खील करते यह अन्धकार
शामिल होऊँ मैं भी, अधेड़।

106

तुम्हारे प्यार में भी एक चेतावनी छिपी रहती थी।

मेरा एक दोस्त कहता था कि कविता वह है, जिसे आप अपने घर ले आना चाहें, जो आपकी मित्र बन सके, आपसे संवाद कर सके।

अब तुम्हारी कविता पढ़ता हूँ, तो बीच-बीच में लगता है कि जैसे तुम बात कर रहे! यानी कविता और तुम अलग-अलग जान पड़ते हैं, मगर हैं नहीं। जैसे तुलसीदास ने लिखा कि वाणी और उसका अर्थ पानी और लहर की तरह हैं, जो भिन्न कहे जाते हैं, पर हैं नहीं। यों हम देखते हैं कि शब्दों में जो अर्थ है, वह जिए गए जीवन से आता है।

वर्ष 2015 की प्रेमचन्द जयंती को 'जन संस्कृति मंच' के राष्ट्रीय सम्मेलन की शुरुआत से ठीक पहले शाम की मद्धिम आभा में क्षण-भर के लिए आख़िरी बार तुमसे सहसा मिलना हुआ था, जब तुमने मुझसे पूछा : "अभी तक तुम नौकरी से नहीं निकाले गए?"

अगरचे तुम्हारी कविता आश्वस्त करती है कि "आएँगे, उजले दिन ज़रूर आएँगे"; मगर यह इशारा करने में भी वह चूकती नहीं कि वामपंथ के लिए आनेवाला समय चुनौतीपूर्ण और मुश्किल है :

कुर्ते पर पहिने जीन्स जभी से तुम भइया
हम समझ लिये
अब बख़त तुम्हारा ठीक नहीं।

107

तुमने मृत्यु का विरोध किया, क्योंकि उसे अनिवार्य मान लेना अन्याय को होने देना है।

कथाकार योगेन्द्र आहूजा ने लिखा है कि तुम हमेशा मौत के फ़लसफ़े, उसके सभी सम्भव नामों और रूपों के ख़िलाफ़ थे। मसलन : "ठहराव, गतिहीनता, ख़ालीपन, ख़ात्मा, मातम, सूनापन, पराजय, बिछोह, अलविदा।"

लेकिन क्यों? इसका शायद सर्वश्रेष्ठ जवाब तुम्हारे कवि-मित्र त्रिनेत्र जोशी ने दिया है : मनुष्य के समस्त संघर्ष का मक़सद दुख का निराकरण ही है : "वह जीवन की मौज को हाथ से जाने नहीं देता था और उदास चेहरों को अपने साथ कर ऐसा समाँ बाँध देता था कि जीवन को नकारो नहीं, स्वीकार करो; इस उदासी को ख़त्म करने की ही तो सारी लड़ाई है।"

सच है, तुम्हारे सान्निध्य में उदास रहना नामुमकिन था। सात बरस पहले एक दुर्घटना में मेरा पैर टूटा, तो उसके ऑपरेशन की ख़बर पाकर तुमने शक जताया : "प्लास्टर से भी काम चल जाता, मगर डॉक्टरों को पैसे बनाने होंगे!"

पूँजी के लालच के सन्दर्भ में वकीलों और डॉक्टरों की बाबत तुम्हारा अभिमत वैसा ही है, जैसा गांधी ने 'हिन्द स्वराज' में ज़ाहिर किया है : "उस (डॉक्टर बनने) का सच्चा कारण तो आबरूदार और पैसा कमाने का धंधा करने की इच्छा है। उसमें परोपकार की बात नहीं है।...डॉक्टर सिर्फ़ आडम्बर दिखाकर ही लोगों से बड़ी फ़ीस वसूल करते हैं और अपनी एक पैसे की दवा के कई रुपये लेते हैं।"

तुमने अपनी कविता में निजी स्तर पर डॉक्टरों की प्रतिभा और सौजन्य की

प्रशंसा की, पर इस नाते आलोचना कि वे आख़िर इस पूँजीवादी सभ्यता के ख़ास मुलाज़िम हैं; जिसमें अवाम की कोई सुनवाई नहीं है और अस्पताल जैसे मृत्यु को और दारुण बनाने के लिए हैं।

तुम अपने और अपने दोस्तों में कोई फ़र्क़ नहीं करते थे। यों कैसा काव्य-न्याय है कि कविता का यह अंश—जो बरसों पहले तुमने अपने दिवंगत दोस्त बलदेव साहनी के लिए लिखा था—आज कोई पढ़े, तो उसे लगेगा कि तुम्हारे लिए लिखा गया है :

मरते तो सभी हैं साथी, यह तो हुई वही पुरानी बात
पर इस मृत्यु का हम विरोध करते हैं
जो ग़लत दुनिया की हर क्रूरता को
तलवार की तरह नंगी करती जाती है हमारे सामने
अस्पतालों की सफ़ाई का किराया
डॉक्टरों की पढ़ाई की क़ीमत
दवा कम्पनियों की मुनाफ़ाख़ोरी
लालच हर जगह डरे हुए ढीठ कुत्ते की तरह सूँघता।

वह दुश्चक्र मुनाफ़ाख़ोरी का भी था, जिसमें तुम्हारे स्त्रष्टा को साँस लेनी पड़ी और जिससे तुम्हारा हृदय विद्रोह करता था :

और डॉक्टर साहब
अब हटाइए भी अपना ये टिटिम्बा
नलियाँ और सुइयाँ
छेद डाला आपने इतने दिनों से
इन्हीं का रुतबा दिखा कर आप
मुनाफ़ाख़ोरों के बने हैं दूत!

108

आख़िरी वर्षों में मित्र तुमसे बहुत कम मिल पाते थे और तुम्हारे पास समय बहुत कम रह गया था। यह वैसे तुम्हें उतना बुरा न लगता, मगर समय कम था, यह तुम जानते थे...

है बहुत ही कठिन जीवन बड़ा ही है कठिन
चलते चलो चलते
वन घना है
बहुल बाधाओं भरा यह रास्ता सुनसान
भयानक कथाओं से भरा
सभी जो हो रहीं साकार।

इसी दौरान अग्रज कवि रघुवीर सहाय को याद करते हुए तुमने एक कविता लिखी : 'रामदास : दो'। रघुवीर सहाय के यहाँ रामदास को लगता है कि सड़क पर सब हैं, मगर साथ कोई नहीं है। सब उसकी हत्या की साज़िश के बारे में पहले से जानते हैं, मगर किसी में उसे रोकने की न चाहत है, न हिम्मत। आख़िर हत्या होती है और वे उसके मूक गवाह बने रहते हैं। यानी इनसान, इनसान की ट्रेजेडी का तमाशबीन हो गया है, हिस्सेदार नहीं रह गया।

लेकिन यह हक़ीक़त रही होगी चालीस बरस पहले के समाज की। आज का यथार्थ तो तुम्हारी कविता से मालूम होता है कि लोग विडम्बना के निष्क्रिय दर्शक बनने को भी तैयार नहीं। गली में हत्या करके कोई भागा जा रहा है और लोग अपने घरों से झाँकते तक नहीं :

अरे खिड़की तो खोलो ज़ालिमो
एक पुकार तो लगाओ

वो जो मारा गया है अभी
वह भी एक मनुष्य ही है
उसी का नाम है रामदास।

बेशक बीते बरसों में हिंसा बढ़ी है और उसी अनुपात में मनुष्य का अकेलापन भी। यह हिंसा और तीखे रूप में सामने आती है, जब आदमी किसी विपत्ति का शिकार होता है, जैसे कोई रोग या दुर्घटना। रघुवीर सहाय ने अपनी कविता 'कैंसर' में यह तकलीफ़देह सच बयान किया है :

रोगी की राजनीति यह है कि वह
समाज में अरक्षित है, मित्रों की राजनीति यह है कि
मरता है उसे मारने में विजय है।

वजह यह कि :

उन्हें पतनशील जाति में संवाद की
आक्रामक सभ्यता में नियत अमानुषिक सम्बन्ध की
रक्षा करनी है, रोगी की नहीं।

यही नहीं, वे रोगी के कैंसर की ख़बर उन सबको देते हैं : "जो अनेक रूप से रोगी को मारने को वचनबद्ध हैं।"

क्या इस कविता का कुछ रिश्ता तुम्हारी जिन्दगी से भी जुड़ता है, क्योंकि आम राय तो यही है कि तुम्हें लोगों का बहुत प्यार मिला था? फिर तुम्हें उनको यह मार्मिक आश्वासन क्यों देना पड़ा :

मैं आके नहीं बैठूँगा कौवा बनकर
तुम्हारे छज्जे पर
...रास्ते पर ठिठकी हुई गाय
की तरह भी तुम्हें नहीं ताकूँगा
वत्सल उम्मीद की हुमक के साथ
मैं तो सतत रहूँगा तुम्हारे भीतर

नमी बनकर
जिसके स्पर्श मात्र से
जाग उठता है जीवन मिट्टी में।

अलबत्ता पाठक के चित्त का दर्पण सही न हो, तो उसमें कविता का बिम्ब भी सही नहीं पड़ता। इसलिए तुमने यह साफ़ करना मुनासिब समझा कि महत्त्वाकांक्षी लोगों के ज़ेहन में तुम्हारी स्मृति विद्रूप बनकर आएगी, जैसे दीवार में सीलन :

जैसे सीलन नई पुती पुरानी दीवारों को
विद्रूप कर देती है
ऐसा तभी होगा जब तुम्हारी
इच्छाओं की इमारत
बेहद चमकीली और भद्दी हो जाएगी।

अकेलापन था, पर तुमने अपने को दिलासा दिया कि घबराना नहीं है, आत्मवत्ता के वैभव के सहारे इस कठिन समय को पार करना है :

पर क्या तुझे दरकार
तेरे पास तो हैं भरी पूरी यादगाहें
और स्वप्नों-कल्पनाओं-वास्तविकताओं का
विपुल संसार।

ज़िन्दगी के बेमिसाल जज़्बे के लिए ही नहीं, तुम्हारी कविता—मौत जब रूबरू खड़ी हो—तो उसका सामना करने की संस्कृति, उसके मर्मस्पर्शी औदात्य और साहस के लिए भी जानी जाएगी :

आँख बोझिल बहुत गहरी थकावट से चूर
और मन, उत्कट अँधेरा
विकलता से बुलाता हूँ मैं तुझे :
ओ तिमिरदारण मिहिर
अब तो ज़रा दरसो!

109

तुम्हारे होते हुए या होने के कारण किसी को तकलीफ़ हुई, तो वह भी तुम्हें गुनाह जैसा लगा।

प्यार जो करेगा, उसकी पहचान यह है कि पीड़ा नहीं पहुँचाएगा। ज़िन्दगी को भी नहीं। महादेवी वर्मा के शब्द याद आते हैं :

पथ को न मलिन करता आना
पद-चिह्न न दे जाता जाना।

अगर अपने पिता की बाबत तुम्हें अन्देशा था कि कर्तव्य-पालन में तुमसे कोई चूक हुई है, तो ज़रूरी नहीं कि हुई हो; पर यह नज़रिया तुम्हारी आत्यंतिक संवेदनशीलता का सुबूत था :

मेरे घर में एक कोना पिता का है
जो काफ़ी उम्रदराज़ हैं...मैं अपराधियों की तरह सोचता हूँ।

कैंसर के सतत आघात के चलते आख़िरी वर्षों में तुम अपने अतीत की परछाईं-भर रह गए थे।

तब न सिर्फ़ यह कि तुम्हें अपने को अपने ही में खोजना पड़ा, बल्कि प्यार की आशा करते हुए भी तुमको अपराध-बोध हुआ :

ढूँढ़ना ख़ुद को
ख़ुद की परछाईं में
एक न लिये गए चुम्बन में
अपराध की तरह ढूँढ़ना।

बीमारी का जिस बहादुरी से तुमने सामना किया, उसकी उचित ही सराहना हुई है; मगर इस संघर्ष के लिए तुम किसी पर निर्भर नहीं रहना चाहते थे। यह तुम्हारे स्वाभिमान का तक़ाज़ा था। तभी तुम्हें मीर का यह शे'र प्रिय था, जिसमें आत्म-सम्मान की शान्ति, अवसाद और गरिमा में डूबे हुए शाइर का बयान है कि किसी के सामने हाथ क्यों फैलाएँ? :

आगे किसू के क्या करें दस्त-ए-तम्'अ दराज़
वह हाथ सो गया है सिरहाने धरे धरे।

एक बार फ़ोन पर तुमने उस आवाज़ में—जो तुम्हारी-सी नहीं रह गई थी—मुझसे पूछा : "मेरी आवाज़ तो ठीक सुनाई पड़ती है न?" मैंने कहा कि "हाँ, बिल्कुल", पर तुम शायद जान रहे थे कि मैं झूठ बोल रहा हूँ। तुम्हारे मौन से मुझे ऐसा ही लगा।

तुम नहीं चाहते थे कि तुम्हारी विवशता के नतीजे में किसी की चेतना पर कोई दबाव पड़े। लिहाज़ा मुझे शक है कि बहादुरी का लबादा तुमने इसलिए भी ओढ़ा था कि लोग तुम्हारी करुणा तक न पहुँच सकें।

इसी दौरान मीर का एक और शे'र तुम्हारे दिल के सबसे क़रीब रहा, जिसके मुताबिक़ 'हमारा खोया हुआ दिमाग़ अब भी आसमान पर है, भले आसमान ने हमें मिट्टी में मिला दिया है' :

अब भी दिमाग़-ए-रफ़्तः हमारा, है अर्श पर
गो आस्माँ ने ख़ाक में हम को मिला दिया।

मगर यह तुम्हारी मनःस्थिति का महज़ एक किनारा था। दूसरे सिरे पर सच यह था कि अपनी परछाइयों को तुम्हें अपने होने का यक़ीन दिलाना पड़ रहा था और तुम ज़बरदस्ती जीना नहीं चाहते थे :

परछाइयो
मैं ही हूँ मैं तुम्हारा

अरी धूप
कब तक पकड़े रहेगी दाँतों से कमबख़्त
बादल का सलेटी दामन।

110

देश में भी अपना घर ही स्वदेश लगता है।

कैसा अजीब इत्तिफ़ाक़ है कि तुमसे मिलने के शुरुआती तीन वर्ष सबसे अधिक हमारा सान्निध्य रहा और अन्तिम तीन वर्ष सबसे कम।

इसका मुख्य कारण तो दूरियाँ थीं, पर आनुषंगिक वजह यह भी थी कि मैं तुम्हारे सुन्दरतम समय का साक्षी रहा था और इधर तुम रोग की जिस यातना का सामना कर रहे थे, वह भीषण थी। मुझसे वह देखी नहीं जाती थी।

यहाँ तक कि इस दौरान मैं तुम्हें फ़ोन करने से भी बचता रहा—यह सोचकर कि पता नहीं तुम किस हाल में होगे और जो तकलीफ़ कम नहीं कर सकते, उन्हें उसे बढ़ाने का हक़ तो बिल्कुल नहीं है।

बीते दो वर्षों में दो बार ही तुमसे मिल पाया, मगर तब मैंने बीमारी की बाबत कोई हमदर्दी तुमसे नहीं जताई; क्योंकि वैसा करके तुम्हारे आत्मसम्मान को मैं आहत ही करता। यह भी नहीं कहा कि तुम्हारे बारे में मैं सोचता रहता हूँ।

शायद प्यार जहाँ सहज और गहनतम होता है, भाषा का मुहताज नहीं होता। मातृभूमि को सम्बोधित तुम्हारी कविता से इस आशय की पुष्टि होती है, गोकि उसमें विदा का भाव भी छिपा है :

हमलावर चढ़े चले आ रहे हैं हर कोने से
पंजर दबता जाता है उनके बोझे से
मन आशंकित होता है तुम्हारे भविष्य के लिए
ओ मेरी मातृभूमि ओ मेरी प्रिया
कभी बतला भी न पाया कि कितना प्यार करता हूँ तुमसे मैं।

आख़िरी बार जब तुमसे मिला, मुझे देखकर तुम सुखद अचरज में पड़ गए। हालाँकि तुमने कुछ कहा नहीं, बस मुझे गले लगा लिया। लगभग एक मिनट तक मैं तुम्हारा निःशब्द रोना सुनता रहा। शायद तुम अपना कोई दुख नहीं कह रहे थे, मुझसे विदा माँग रहे थे।

मुझे तुमसे तुम्हारे घर पर मिलने की आदत थी। सो मैंने पूछा : "आप बरेली कब जाएँगे?"

तुम्हारे स्वर में बहुत अफ़सोस था : "इलाज कराते बहुत दिन हो गए। अब घर जाने का जी होने लगा है। मगर शरीर इजाज़त तो दे!"

दिल्ली तुम्हें वैसे भी पसन्द नहीं थी। यह उसकी सराहना के तुम्हारे अन्दाज़ से ज़ाहिर है :

कुछ बात तो है इस नासपिटी दिल्ली
और इसके भटूरों में
कि हमारी भाषा के सबसे उम्दा कवि
जो यहाँ आते हैं यहीं के होकर रह जाते हैं
जब कि भाषा भी क्या यहाँ की :
अबे ओये तू हान्जी हाँ।

इसलिए मेरे मिलने के तक़रीबन छह महीने बाद—शरीर तो इस लायक़ नहीं हो सका, पर तुम्हारा मन तुम्हें बरेली ले गया। अगले ही दिन दुनिया से तुम्हें रुख़सत होना था।

गोया इसी काम से तुम अपने घर गए थे!

तुम ख़ुशक़िस्मत थे कि अपनी कर्मभूमि में आख़िरी साँस ले सके! आततायियों ने बहादुरशाह ज़फ़र से लेकर एम. एफ़. हुसेन तक को यह रिआयत नहीं बख़्शी। वे नहीं चाहते कि सत्ता से असहमत कोई व्यक्ति इस मुल्क में रहे। बक़ौल फ़ैज़ :

निसार मैं तिरी गलियों के ऐ वतन, कि जहाँ
चली है रस्म कि कोई न सर उठा के चले
जो कोई चाहनेवाला तवाफ़ को निकले
नज़र चुरा के चले जिस्मो-जाँ बचा के चले।

ऐसे ही समय में बरेली वह आख़िरी स्टेशन था, जहाँ तुम अपनी 'रात-गाड़ी' से उतर गए, जिसके बारे में कभी तुमने यह मार्मिक शिकायत की थी :

रात चूँ-चर्र-मर्र जाती है
ऐसी गाड़ी में भला नींद कहीं आती है?

अब तुम हमारी आवाज़ें नहीं सुन रहे होगे! यह वैसे ही है, जैसे तुमने एक कविता में लिखा है कि अपने मक़ाम पर पहुँच जानेवाले यात्री 'स्टेशन पर फेरीवालों की आवाज़ें' नहीं सुनते।

आज यह उलाहना तुम्हारे लिए सही :

उन्हें सुनते हैं सिर्फ़ यात्री
सोते में भी

उतरने वाले उन्हें नहीं सुनते

हद है
न सुनाई पड़ना भी
साबित करे
पहुँच जाना।

111

तुम कहते थे : "मन्द प्रतिभा हमेशा हमलावर होती है।"

मैंने इसका सत्यापन देखा, जब कभी तुम पर हमले हुए।

दुखद यह था कि अक्सर वे आक्रमण व्यक्तिगत और बेबुनियाद थे। उनका तुम्हारी कविता से कोई लेना-देना न था।

एक बार तो एक आलोचक ने बीमारी के बहाने ही तुम पर निशाना साधा। गोया कविता न सही, कैंसर सही! ग़ालिब का एक शे'र याद आता है कि फ़रहाद को शीरीं से मिलाने का काम तो तेशे, यानी कुदाल ने भी किया, क्योंकि वह उसकी मृत्यु का कारण बना :

हमसुख़न तेशे ने फ़रहाद को, शीरीं से किया
जिस तरह का कि किसी में हो कमाल, अच्छा है!

दरअसल कुंठा कभी सत्य और न्याय का पक्ष लेने नहीं देती। दुष्यंत कुमार उससे मुक्त होने की ज़रूरत पर ज़ोर देते हैं, क्योंकि उसके चलते जो व्यक्ति युयुत्सु नज़र आता है, वह वास्तव में अधर्म का साथ दे रहा होता है :

मन की चट्टानो कुछ खिसको
राह बना लूँ;
ओ स्वर-निर्झर बहो कि तुममें
गर्भवती अपनी कुंठा का कर्ण बहा लूँ...
प्राप्य-सत्य के लिए
महाभारत-सा जब-जब युद्ध छिड़ेगा,
यह कुंठा का पुत्र हमेशा

कौरव-दल की ओर रहेगा,
और लड़ेगा।

तुम कभी किसी साहित्यिक राजनीति में शामिल नहीं रहे। तुमने प्यार की बात की, इसलिए यह अपमान तुम्हें सहना ही था! जैसे कि शमशेर तुम्हारी कविता में कहते हैं :

मैंने प्रेम किया
इसीलिए भोगने पड़े
मुझे इतने प्रतिशोध।

स्वयं शमशेर ने बहुत पीड़ा के साथ लिखा था : "कवि एक बड़ा-सा तोता है, जैसे कि मैं। जिसे उसके संरक्षक पालते हैं। कई होते हैं वो।"

तुम पर आक्षेप किए गए, क्योंकि तुमने भी कवि की इस नियति से इनकार किया था...

और लोग भी हैं, कई लोग हैं
अभी भी
जो भूले नहीं करना
साफ़ और मज़बूत
इनकार।